Diogenes Taschenbuch 22664

de
te
be

Patrick Süskind

Die Geschichte von Herrn Sommer

*Mit Bildern
von*
Sempé

Diogenes

Die Erstausgabe erschien 1991
im Diogenes Verlag
Rechte für die Bilder von Jean-Jacques Sempé
bei Éditions Gallimard, Paris
Rechte für den Text von Patrick Süskind
beim Diogenes Verlag, Zürich
Alle internationalen Rechte beim
Diogenes Verlag, Zürich

Veröffentlicht als Diogenes Taschenbuch, 1994
Alle Rechte vorbehalten
Copyright © 1991
Diogenes Verlag AG Zürich
www.diogenes.ch
100/03/52/11
ISBN 3 257 22664 0

einem kleinen Berg außerhalb des Dorfes – und mich nur ein bißchen vom Boden abstieß und die Arme ausbreitete, da hob mich der Wind empor, und ich konnte ohne Anstrengung Sprünge von zwei, drei Metern Höhe und zehn, zwölf Metern Weite machen – oder vielleicht nicht ganz so weit und nicht ganz so hoch, was spielt das für eine Rolle! –, jedenfalls flog ich *beinahe*, und hätte ich nur meinen Mantel aufgeknöpft und beide Hälften in die Hände genommen und wie Flügel ausgebreitet, dann hätte mich der Wind vollends emporgehoben und ich wäre mit größter Leichtigkeit vom Schulberg über die Talsenke zum Wald gesegelt und über den Wald hinweg hinunter zum See, wo unser Haus lag, und hätte dort zum grenzenlosen Staunen meines Vaters, meiner Mutter, meiner Schwester und meines Bruders, die zum Fliegen alle schon viel zu alt und zu schwer waren, hoch über dem Garten eine elegante Kurve gedreht, um dann hinaus über den See zu schweben, fast bis ans andere Ufer hinüber, und mich endlich gemächlich zurücktragen zu lassen

und immer noch rechtzeitig zum Mittagessen zu Hause einzutreffen.

Aber ich habe den Mantel nicht aufgeknöpft und bin nicht wirklich hoch hinaufgeflogen. Nicht weil ich Angst vor dem Fliegen gehabt hätte, sondern weil ich nicht wußte, wie und wo und ob überhaupt ich je wieder würde landen können. Die Terrasse vor unserem Haus war zu hart, der Garten zu klein, das Wasser im See zu kalt für eine Landung. Aufsteigen, das war kein Problem. Wie aber kam man wieder herunter?

Beim Bäumeklettern war das ähnlich: Hinaufzukommen bereitete die geringsten Schwierigkeiten. Man sah die Äste vor sich, man spürte sie in der Hand und konnte ihre Stärke prüfen, ehe man sich an ihnen hochzog und dann den Fuß auf sie setzte. Aber beim Hinunterklettern sah man nichts und mußte mehr oder weniger blindlings mit dem Fuß im tieferliegenden Geäst herumstochern, ehe man einen festen Tritt fand, und oft genug war der Tritt eben nicht fest, sondern morsch oder glitschig, und man glitt ab oder brach durch, und wenn man sich dann nicht mit beiden

Händen fest an einen Ast geklammert hatte, fiel man wie ein Stein zu Boden, folgend den sogenannten Fallgesetzen, die der italienische Forscher Galileo Galilei schon vor fast vierhundert Jahren entdeckt hat und die heute noch gelten.

Mein schlimmster Sturz ereignete sich in demselben ersten Schuljahr. Er erfolgte aus viereinhalb Metern Höhe von einer Weißtanne, verlief haargenau nach dem ersten Galileischen Fallgesetz, welches besagt, daß die durchfallene Strecke gleich dem halben Produkt aus Erdbeschleunigung und Zeit im Quadrat ist ($s = \frac{1}{2}g \cdot t^2$), und dauerte infolgedessen exakt 0,9578262 Sekunden. Das ist eine extrem kurze Zeit. Das ist kürzer als die Zeit, die man braucht, um von einundzwanzig auf zweiundzwanzig zu zählen, ja sogar kürzer als die Zeit, die man braucht, um die Zahl »einundzwanzig« ordentlich auszusprechen! So enorm schnell ging die Sache, daß ich weder meine Arme ausbreiten noch meinen Mantel aufknöpfen und als Fallschirm verwenden konnte, ja daß mir nicht einmal mehr der rettende Gedanke kam, daß ich ja eigentlich gar nicht zu fallen brauchte, da ich doch fliegen konnte – gar nichts mehr konnte ich denken in diesen 0,9578262 Sekunden, und ehe ich überhaupt begriff, *daß* ich fiel, krachte ich auch schon gemäß dem zweiten Galileischen Fallgesetz ($v = g \cdot t$) mit einer Endgeschwindigkeit von über 33 Stundenkilometern auf dem Waldboden auf, und zwar so heftig, daß ich mit meinem Hinterkopf einen armdicken Ast durchschlug. Die Kraft, die dies bewirkte, heißt Schwerkraft. Sie hält die Welt nicht nur im Innersten zusammen, sie hat auch die vertrackte Eigenschaft, alles, sei es groß oder noch so klein, mit brachialer Gewalt an sich heranzuziehen, und nur solange wir im Mutterleibe ruhen oder als Taucher unter Wasser schweben, sind wir scheinbar von ihrem Gängelband befreit. Nebst dieser elementaren Einsicht trug ich von dem Sturz eine Beule davon. Die Beule verschwand schon nach wenigen Wochen, jedoch mit den Jahren spürte ich an derselben Stelle, wo einst die Beule gewesen war, ein sonderbares Kribbeln und Pochen, wann immer sich das Wetter änderte, besonders wenn Schnee in der Luft lag. Und heute, fast vierzig Jahre spä-

anderen Häuser und die anderen Gärten, über den See hinweg und über das Land hinter dem See bis zu den Bergen sehen, und wenn abends die Sonne unterging, dann konnte ich oben auf meinem Baumwipfel die Sonne sogar noch hinter den Bergen sehen, wenn sie für die Menschen drunten am Boden schon längst untergegangen war. Fast wie Fliegen war das. Nicht ganz so abenteuerlich und nicht ganz so elegant vielleicht, aber doch ein guter Ersatz fürs Fliegen, zumal da ich ja allmählich älter wurde, einen Meter achtzehn maß und dreiundzwanzig Kilo wog, was zum Fliegen nun einfach zu schwer war, selbst wenn ein richtiger Sturm geblasen und ich meinen Mantel aufgeknöpft und ganz weit geöffnet hätte. Auf Bäume klettern aber – so dachte ich damals – könnte ich mein Leben lang. Noch mit hundertzwanzig Jahren, noch als klappriger Tattergreis würde ich dort oben sitzen, auf der Spitze einer Ulme, einer Buche, einer Tanne, wie ein alter Affe, und mich leis vom Winde wiegen lassen und über das Land schauen und über den See, bis hinter die Berge . . .

Aber was erzähle ich hier vom Fliegen und vom

Bäumeklettern! Plappere von Galileo Galileis Fallgesetzen und vom Barometerfleck auf meinem Hinterkopf, der mich konfus macht! Wo ich doch etwas ganz anderes erzählen will, nämlich die Geschichte von Herrn Sommer – soweit das überhaupt möglich ist, denn eigentlich gab es da gar keine ordentliche Geschichte, sondern es gab nur diesen seltsamen Menschen, dessen Lebensweg – oder sollte ich besser sagen: dessen Spazierweg? – sich ein paarmal mit dem meinen gekreuzt hat. Aber ich beginne am besten noch einmal ganz von vorn.

Zu der Zeit, da ich noch auf Bäume kletterte, lebte in unserem Dorf... – oder vielmehr nicht in unserem Dorf, in Unternsee, sondern im Nachbardorf, in Obernsee, aber das konnte man nicht so recht unterscheiden, denn Obernsee und Unternsee und all die anderen Dörfer waren nicht streng voneinander getrennt, sondern reihten sich eins ans andere entlang dem Ufer des Sees, ohne sichtbaren Anfang und Ende, als eine schmale Kette von Gärten und Häusern und Höfen und Bootshütten... Es lebte also in dieser Gegend, keine zwei Kilometer von unserem Haus entfernt, ein Mann mit Namen »Herr Sommer«. Kein Mensch wußte, wie Herr Sommer mit Vornamen hieß, ob Peter oder Paul oder Heinrich oder Franz-Xaver, oder ob er vielleicht Doktor Sommer oder Professor Sommer hieß, oder Professor Doktor Sommer – man kannte ihn einzig und allein unter dem Namen »Herr Sommer«. Kein Mensch auch wußte, ob Herr Sommer einem Beruf nachging, ob er überhaupt einen Beruf hatte oder jemals gehabt hatte. Man wußte nur, daß *Frau* Sommer einen Beruf ausübte, und zwar den Beruf der Puppenmacherin. Tagaus, tagein saß sie in der Sommerschen Wohnung, im Souterrain des Hauses des Malermeisters Stanglmeier, und fabrizierte dort aus Wolle, Stoff und Sägespänen kleine Kinderpuppen, die sie einmal pro Woche in einem großen Paket verpackt aufs Postamt brachte. Auf dem Rückweg vom Postamt ging sie der Reihe nach zum Krämer, zum Bäcker, zum Metzger und zum Gemüsehändler, kam mit vier prall gefüllten Einkaufstaschen zu Hause an, verließ die Wohnung für den Rest der

Haus vor Sonnenaufgang, wie die Fischer erzählten, die um vier Uhr früh auf den See hinausfuhren, um ihre Netze einzuholen, und oft kam er erst spät nachts zurück, wenn der Mond schon hoch am Himmel stand. In dieser Zeit legte er unglaublich lange Wege zurück. Den See im Verlauf eines Tages zu umrunden, was eine Strecke von ungefähr vierzig Kilometern bedeutete, war für Herrn Sommer nichts Besonderes. Zwei- oder dreimal am Tag in die Kreisstadt und zurück zu gehen, zehn Kilometer hin, zehn Kilometer zurück – für Herrn Sommer kein Problem! Wenn wir Kinder morgens um halb acht schlaftrunken in die Schule trotteten, kam uns frisch und munter Herr Sommer entgegen, der schon seit Stunden unterwegs war; gingen wir mittags müde und hungrig nach Hause, überholte uns mit forschem Schritt Herr Sommer; und wenn ich am Abend desselben Tages vor dem Schlafengehen noch aus dem Fenster schaute, konnte es sein, daß ich unten auf der Seestraße die große, hagere Gestalt von Herrn Sommer schattenhaft vorübereilen sah.

Er war leicht zu erkennen. Auch auf die Entfer-

nung war seine Erscheinung ganz unverwechsel-
bar. Im Winter trug er einen langen, schwarzen,
überweiten und sonderbar steifen Mantel, der
ihm bei jedem Schritt wie eine viel zu große Hülse
um den Körper hüpfte, dazu Gummistiefel und
auf der Glatze eine rote Bommelmütze. Im Sommer aber – und der Sommer dauerte für Herrn
Sommer von Anfang März bis Ende Oktober,
also die weitaus längste Zeit des Jahres –, da trug
Herr Sommer einen flachen Strohhut mit schwarzem Stoffband, ein karamelfarbenes Leinenhemd
und eine kurze, karamelfarbene Hose, aus der
seine langen, zähen, fast nur aus Sehnen und
Krampfadern bestehenden Beine lächerlich dürr
hervorstaken, ehe sie unten in einem Paar klobi-
ger Bergstiefel versanken. Im März waren diese
Beine blendend weiß, und die Krampfadern
zeichneten sich darauf als ein vielverzweigtes tin-
tenblaues Flußsystem deutlich ab; aber schon ein
paar Wochen später hatten sie eine honiggleiche
Färbung angenommen, im Juli leuchteten sie
karamellenbraun wie Hemd und Hose, und im
Herbst waren sie von Sonne, Wind und Wetter

dermaßen dunkelbraun gegerbt, daß man an ihnen weder Krampfadern noch Sehnen oder Muskelstränge unterscheiden konnte, sondern daß Herrn Sommers Beine nun aussahen wie die knotigen Äste eines alten rindenlosen Föhrenbaums, bis sie schließlich im November unter den langen Hosen und unter dem langen schwarzen Mantel verschwanden und, allen Blicken entzogen, bis zum nächsten Frühjahr ihrer ursprünglichen käsigen Weiße entgegenbleichten.

Zwei Dinge hatte Herr Sommer sowohl im Sommer als auch im Winter bei sich, und kein Mensch hat ihn je ohne sie gesehen: Das eine war sein Stock und das andere sein Rucksack. Der Stock war kein gewöhnlicher Spazierstock, sondern ein langer, leicht gewellter Nußbaumstekken, der Herrn Sommer bis über die Schulter reichte und ihm als eine Art drittes Bein diente, ohne dessen Hilfe er niemals die enormen Geschwindigkeiten erreicht und die unglaublichen Strecken bewältigt haben würde, die die Leistungen eines normalen Spaziergängers um so vieles übertrafen. Alle drei Schritte schleuderte Herr

Sommer seinen Stock mit der Rechten nach vorn, stemmte ihn gegen den Boden und schob sich damit im Vorübergehen mit aller Macht voran, so daß es aussah, als dienten ihm die eigenen Beine bloß noch zum Dahingleiten, während der eigentliche Schub aus der Kraft des rechten Arms herstammte, die mittels des Stockes auf den Boden übertragen wurde – ähnlich wie bei manchen Flußschiffern, die ihre flachen Kähne mit langen Stangen übers Wasser staken. Der Rucksack aber war immer leer, oder fast leer, denn er enthielt, soweit man wußte, nichts anderes als Herrn Sommers Butterbrot und eine zusammengefaltete hüftlange Gummipelerine mit Kapuze, die Herr Sommer anzog, wenn ihn unterwegs ein Regen überraschte.

Wohin aber führten ihn seine Wanderungen? Was war das Ziel der endlosen Märsche? Weshalb und wozu hastete Herr Sommer zwölf, vierzehn, sechzehn Stunden am Tag durch die Gegend? Man wußte es nicht.

Kurz nach dem Krieg, als sich die Sommers im Dorf niedergelassen hatten, waren solche Touren

noch niemandem besonders aufgefallen, denn damals liefen alle Menschen mit Rucksäcken durch die Gegend. Es gab kein Benzin und keine Autos und nur einmal am Tag einen Bus, und nichts zu heizen und nichts zu essen, und um irgendwo ein paar Eier oder Mehl oder Kartoffeln oder ein Kilo Briketts oder auch nur Briefpapier oder Rasierklingen zu bekommen, mußte man oft stundenlange Fußmärsche unternehmen und das Ergatterte im Handkarren oder im Rucksack nach Hause schleppen. Aber schon ein paar Jahre später konnte man wieder alles im Dorf kaufen, wurden die Kohlen geliefert, verkehrte der Omnibus fünfmal am Tag. Und wieder ein paar Jahre später besaß der Metzger sein eigenes Auto, und dann der Bürgermeister und dann der Zahnarzt, und der Malermeister Stanglmeier fuhr mit dem Motorrad und sein Sohn mit dem Moped, der Omnibus verkehrte immerhin noch dreimal am Tag, und niemandem wäre es mehr eingefallen, vier Stunden zu Fuß in die Kreisstadt zu laufen, wenn er dort Besorgungen zu machen hatte oder seinen Paß erneuern lassen wollte. Niemandem

auf der Nase, und murmelte etwas vor sich hin, das man entweder gar nicht oder nur bruchstückhaft verstand und das so klang wie: »... gradesehreilig jetztschulbergaufgehn ... überdenseegeschwind rundrum ... heutnochmußgleichindiestadtunbe dingt ... sehreiligsehrgradimmomentgarkeine zeit...« – und ehe man noch »Was? Wie bitte? Wohin?« fragen konnte, war er schon unter hefti gem Geharke seines Stockes davongesaust.

Ein einziges Mal habe ich einen ganzen Satz von Herrn Sommer gehört, einen klar und deutlich und unmißverständlich ausgesprochenen Satz, den ich nicht mehr vergessen habe und der mir noch heute im Ohr klingt. Das war an einem Sonntagnachmittag Ende Juli, während eines ent setzlichen Unwetters. Dabei hatte der Tag schön begonnen, strahlend schön, mit kaum einem Wölkchen am Himmel, und mittags war es noch so heiß gewesen, daß man am liebsten dauernd kalten Tee mit Zitrone getrunken hätte. Mein Va ter hatte mich mit zum Pferderennen genommen, wie oft am Sonntag, denn er ging jeden Sonntag zum Pferderennen. Übrigens nicht, um zu wetten

– das möchte ich beiläufig erwähnen –, sondern aus schierer Liebhaberei. Er war, obwohl er selbst in seinem Leben nie auf einem Pferd gesessen hatte, ein passionierter Pferdefreund und Pferdekenner. Er konnte zum Beispiel sämtliche deutschen Derbysieger seit 1869 auswendig hersagen, in der richtigen und in der umgekehrten Reihenfolge, und von den Siegern des englischen Derbys und des französischen Prix de l'Arc de Triomphe immerhin noch die wichtigsten seit dem Jahre 1910. Er wußte, welches Pferd tiefen, welches trockenen Boden liebte, warum alte Pferde über Hürden gingen und junge niemals mehr als 1600 Meter liefen, wieviel Pfund der Jockey wog und warum die Frau des Besitzers um ihren Hut eine Schleife in den Farben Rot-Grün-Gold gewunden hatte. Über fünfhundert Bände umfaßte seine Pferdebibliothek, und gegen Ende seines Lebens besaß er sogar ein eigenes Pferd – vielmehr ein halbes –, welches er sich zum Entsetzen meiner Mutter zum Preis von sechstausend Mark gekauft hatte, um es in seinen Farben beim Rennen laufen zu lassen – aber das ist eine andere Geschichte, die ich ein andermal erzählen will.

Wir waren also beim Pferderennen gewesen, und als wir am späten Nachmittag nach Hause fuhren, war es zwar immer noch heiß, ja sogar heißer und schwüler als am Mittag, aber der Himmel hatte sich schon mit einer dünnen Dunstschicht bezogen. Im Westen standen bleigraue Wolken mit eitergelben Rändern. Nach einer Viertelstunde mußte mein Vater die Scheinwerfer einschalten, denn die Wolken waren auf einmal so nahe gerückt, daß sie den ganzen Horizont wie ein Vorhang verhängten und düstere Schatten über das Land warfen. Dann fegten einige Böen von den Hügeln herab und fielen in breiten Strichen über die Kornfelder, es war, als würden die Felder gekämmt, und die Büsche und Sträucher erschraken. Fast gleichzeitig fing der Regen an, nein, der Regen noch nicht, sondern zuerst fielen nur einzelne fette Tropfen, wie Weintrauben so dick, die da und dort auf den Asphalt herunterklatschten und auf dem Kühler und der Windschutzscheibe zerplatzten. Und dann brach das

Unwetter los. Die Zeitungen schrieben später, daß es das schlimmste Unwetter in unserer Gegend seit zweiundzwanzig Jahren gewesen sei. Ob das stimmt, weiß ich nicht, denn ich war damals erst sieben Jahre alt, aber ich weiß bestimmt, daß ich ein solches Unwetter in meinem Leben kein zweites Mal mitgemacht habe, und schon gar nicht in einem Auto auf freier Landstraße. Das Wasser fiel nicht mehr in Tropfen, es fiel in Schwaden vom Himmel. In kürzester Zeit war die Straße überschwemmt. Der Wagen pflügte sich durchs Wasser, zu beiden Seiten spritzten die Fontänen hoch, sie standen wie Wände aus Wasser, und wie durch schieres Wasser sah man durch die Windschutzscheibe, obwohl der Scheibenwischer hektisch hin und her schlug.

Doch es kam noch schlimmer. Denn nach und nach verwandelte sich der Regen in Hagel, man hörte es, ehe man es sah, an einer Veränderung des Rauschens hin zu einem härteren, helleren Prasseln, und man spürte es an einer fröstligen Kälte, die jetzt in den Wagen drang. Dann konnte man die Körnchen sehen, klein erst wie Stecknadel-

einem Moment zum andern hatte der Hagel aufgehört, der Wind sich gelegt. Nur ein feiner stiller Nieselregen ging jetzt noch herab. Das Kornfeld neben der Straße, durch das zuvor die Böen gefahren waren, lag wie zertrampelt da. Von einem Maisfeld dahinter standen nur noch die Strünke. Die Straße selbst sah aus wie übersät mit Scherben – so weit das Auge reichte Hagelsplitter, abgeschlagene Blätter, Zweige, Ähren. Und ganz am Ende der Straße konnte ich durch den zarten Schleier des Nieselregens hindurch die Gestalt eines Menschen sehen, der dort seines Weges ging. Ich sagte es meinem Vater, und wir schauten beide auf die kleine entfernte Gestalt, und es kam uns wie ein Wunder vor, daß ein Mensch dort im Freien spazierenging, ja daß nach diesem Hagelschlag überhaupt noch etwas aufrecht stand, wo doch ringsum alles niedergemäht und zerschmettert am Boden lag. Wir fuhren los, knirschend über den Hagelschutt. Als wir der Gestalt näherkamen, erkannte ich die kurze Hose, die langen knotigen, vor Nässe glänzenden Beine, die schwarze Gummipelerine, auf der sich schlaff die

– die Beifahrertüre und schrie hinaus: »So steigen Sie doch ein, um Gottes willen! Sie sind ja völlig durchnäßt! Sie werden sich den Tod holen!« –

Nun war der Ausdruck »Sie werden sich den Tod holen« eigentlich sehr untypisch für meinen Vater. Noch nie hatte ich ihn zu irgend jemand im Ernst sagen hören: »Sie werden sich den Tod holen!«. »Dieser Ausdruck ist ein Stereotyp«, pflegte er zu erklären, wenn er irgendwo den Satz »Sie werden sich den Tod holen« hörte oder las, »und ein Stereotyp – merkt euch das ein für allemal! – ist eine Redewendung, die schon so oft durch die Münder und die Federn von Krethi und Plethi gegangen ist, daß sie überhaupt nichts mehr bedeutet. Das ist genauso« – fuhr er dann fort, weil er nun schon mal in Fahrt gekommen war –, »das ist genauso dumm und nichtssagend, wie wenn man den Satz zu hören bekommt: ›Trinken Sie eine Tasse Tee, meine Liebe, das wird Ihnen guttun!‹ oder: ›Wie geht's unserem Kranken, Herr Doktor? Glauben Sie, er wird durchkommen?‹ Solche Sätze stammen nicht aus dem Leben, sondern aus schlechten Romanen und aus dummen amerikanischen Filmen, und deshalb – merkt euch das ein für allemal! – will ich sie aus eurem Mund niemals hören!«

So pflegte sich mein Vater über Sätze des Typs »Sie werden sich den Tod holen« auszulassen. Nun aber, im Nieselregen auf der mit Hagelkörnern bedeckten Landstraße neben Herrn Sommer herfahrend, rief mein Vater ein ebensolches Stereotyp zur offenstehenden Wagentüre hinaus: »Sie werden sich den Tod holen!«. Und da blieb Herr Sommer stehen. Ich glaube, er blieb genau bei den Wörtern »den Tod holen« stocksteif stehen, und zwar so abrupt, daß mein Vater rasch bremsen mußte, um nicht an ihm vorbeizufahren. Und dann nahm Herr Sommer den Nußbaumstock von der rechten in die linke Hand, wendete sich uns zu und stieß, indem er in einer Art trotzig-verzweifelter Gebärde den Stock mehrmals gegen den Boden rammte, mit lauter und klarer Stimme den Satz aus: »Ja so laßt mich doch endlich in Frieden!« Mehr sagte er nicht. Nur diesen einen Satz. Hierauf warf er die ihm offengehaltene Türe zu, wechselte den Stock zurück in die rechte

Hand und marschierte los, ohne weiteren Blick zur Seite, ohne Blick zurück.

»Der Mann ist völlig verrückt«, sagte mein Vater.

Als wir ihn dann überholten, konnte ich ihm durch die Rückscheibe hindurch ins Gesicht sehen. Er hatte den Blick zu Boden gesenkt und hob ihn nur alle paar Schritte, um mit weitaufgerissenen, gleichsam entsetzten Augen für einen Moment nach vorne zu starren und sich seines Weges zu versichern. Das Wasser lief ihm die Wangen herab, es tropfte von Nase und Kinn. Sein Mund war leicht geöffnet. Und wieder schien es mir, als bewegten sich seine Lippen. Vielleicht sprach er zu sich selbst, während er ging.

Dieser Herr Sommer hat Klaustrophobie«, sagte meine Mutter, als wir alle beim Abendessen saßen und über das Unwetter und den Vorfall mit Herrn Sommer sprachen. »Eine schwere Klaustrophobie hat dieser Mann, und das ist eine Krankheit, bei der man nicht mehr ruhig in seinem Zimmer sitzen kann.«

»Klaustrophobie bedeutet strenggenommen«, sagte mein Vater – »daß man nicht in seinem Zimmer sitzen kann«, sagte meine Mutter. »Das hat mir der Doktor Luchterhand in aller Ausführlichkeit erklärt.«

»Das Wort ›Klaustrophobie‹ ist lateinisch-griechischen Ursprungs«, sagte mein Vater, »was dem Herrn Doktor Luchterhand sicherlich bekannt sein dürfte. Es besteht aus den zwei Teilen ›claustrum‹ und ›phobia‹, wobei ›claustrum‹ soviel wie ›geschlossen‹ oder ›abgeschlossen‹ bedeutet – wie es ja auch in dem Wort ›Klause‹ vorkommt, oder bei der Stadt ›Klausen‹, italienisch ›Chiusa‹, oder im französischen ›Vaucluse‹ – wer von euch kann mir noch ein Wort nennen, in dem der Begriff ›claustrum‹ verborgen steckt?«

»Ich«, sagte meine Schwester, »ich habe von der Rita Stanglmeier gehört, daß der Herr Sommer immer zuckt. An allen Gliedern zuckt er. Er hat das Muskelzucken wie der Zappelphilipp, sagt die Rita. Wenn er sich nur auf einen Stuhl setzt – schon zuckt er. Nur wenn er läuft, dann zuckt er nicht, und darum muß er immer laufen, damit keiner sieht, wie er zuckt.«

»Darin ähnelt er Jährlingen«, sagte mein Vater, »oder zweijährigen Pferden, die ebenfalls zucken und zittern und am ganzen Körper vor Nervosität beben, wenn sie zum ersten Mal bei einem Rennen an den Start gehen. Die Jockeys haben dann alle Hände voll zu tun, sie aufzupullen. Später gibt sich das freilich von alleine, oder man legt ihnen Scheuklappen an. Wer von euch kann mir sagen, was ›aufpullen‹ bedeutet?«

»Quatsch!« sagte meine Mutter. »Bei euch im Wagen, da hätte der Sommer doch leicht zucken können. Das hätte doch niemanden gestört, das bißchen Zucken!«

»Ich fürchte«, sagte mein Vater, »Herr Sommer ist deshalb nicht zu uns in den Wagen gestiegen, weil ich ein Stereotyp verwendet habe. Ich habe gesagt: ›Sie werden sich den Tod holen!‹ Ich verstehe gar nicht, wie mir das passieren konnte. Ich bin sicher, er wäre eingestiegen, wenn ich eine weniger abgedroschene Formulierung gewählt hätte, beispielsweise...«

»Unsinn«, sagte meine Mutter, »sondern er ist deshalb nicht eingestiegen, weil er Klaustrophobie hat und weil er deshalb nicht nur nicht in einem Zimmer, sondern auch nicht in einem geschlossenen Wagen sitzen kann. Frag den Doktor Luchterhand! Sobald er sich in einem geschlossenen Raum aufhält – ob Wagen oder Zimmer –, bekommt er Zustände.«

»Was sind Zustände?« fragte ich.

»Vielleicht«, sagte mein Bruder, der fünf Jahre älter war als ich und schon alle Märchen der Brüder Grimm gelesen hatte, »vielleicht ist es bei Herrn Sommer genauso wie bei dem Schnelläufer im Märchen ›Sechse kommen durch die ganze Welt‹, der an einem Tag um die ganze Erde rennen kann. Wenn er nach Hause kommt, dann muß er sich eines seiner Beine mit einem Lederriemen hochschnallen, weil er sonst nicht stehenbleiben könnte.«

»Das ist natürlich auch eine Möglichkeit«, sagte mein Vater. »Vielleicht hat Herr Sommer einfach ein Bein zuviel und muß deshalb immer laufen. Wir sollten Herrn Doktor Luchterhand bitten, ihm eines seiner Beine hochzuschnallen.«

»Unsinn«, sagte meine Mutter, »er hat Klaustrophobie, sonst nichts, und gegen Klaustrophobie gibt es kein Mittel.«

Als ich im Bett lag, ging mir noch lange dieses sonderbare Wort im Kopf herum: Klaustrophobie. Ich sprach es mir mehrmals vor, damit ich es nicht mehr vergäße. »Klaustrophobie... Klaustrophobie... Der Herr Sommer hat Klaustrophobie... Das bedeutet, daß er nicht in seinem Zimmer bleiben kann... und daß er nicht in seinem Zimmer bleiben kann, bedeutet, daß er immer im Freien herumlaufen muß... Weil er Klau-

Das Wort "Klaustrophobie" ist lateinisch-griechischen Ursprungs... bedeutet soviel wie "geschlossen" oder "abgeschlossen"...
Klaustrophie ist eine Krankheit, bei der man nicht mehr ruhig in seinem Zimmer sitzen kann.

strophobie hat, deshalb muß er immer im Freien herumlaufen... Wenn aber ›Klaustrophobie‹ dasselbe ist wie ›Nicht-in-seinem-Zimmer-bleiben-Können‹ und wenn ›Nicht-in-seinem-Zimmer-bleiben-Können‹ dasselbe ist wie ›Im-Freien-herumlaufen-Müssen‹, dann ist doch auch ›Im-Freien-herumlaufen-Müssen‹ dasselbe wie ›Klaustrophobie‹... und dann könnte man doch auch statt dem schwierigen Wort ›Klaustrophobie‹ einfach sagen ›Im-Freien-herumlaufen-Müssen‹... Das aber würde bedeuten, daß, wenn meine Mutter sagt: ›Der Herr Sommer muß immer im Freien herumlaufen, weil er Klaustrophobie hat‹, sie ebensogut sagen könnte: ›Der Herr Sommer muß immer im Freien herumlaufen, weil er im Freien herumlaufen muß‹...«

Und da wurde mir in meinem Kopf ein bißchen schwindlig, und ich versuchte, das verrückte neue Wort und alles, was damit zusammenhing, schnell wieder zu vergessen. Und ich stellte mir statt dessen vor, daß der Herr Sommer überhaupt nicht etwas habe oder müsse, sondern daß er einfach deshalb immer im Freien herumlief, weil es ihm Vergnügen bereitete, im Freien herumzulaufen, genauso wie es mir Vergnügen bereitete, auf Bäume zu klettern. Zu seinem eigenen Spaß und Vergnügen lief Herr Sommer im Freien herum, so war das und nicht anders, und all die verwirrenden Erklärungen und lateinischen Wörter, die sich die Großen beim Abendessen dazu ausgedacht hatten, waren ein ebensolcher Unsinn wie die Sache mit dem hochgeschnallten Bein aus dem Märchen »Sechse kommen durch die ganze Welt«!

Aber nach einer Weile mußte ich an Herrn Sommers Gesicht denken, das ich durchs Wagenfenster gesehen hatte, an das regenüberströmte Gesicht mit dem halbgeöffneten Mund und den riesigen entsetzensstarren Augen, und ich dachte: So schaut man nicht zum Spaß drein; ein solches Gesicht hat kein Mensch, der irgend etwas zum Vergnügen und aus Freude tut. So sieht einer aus, der Angst hat; oder so sieht einer aus, der Durst hat, mitten im Regen soviel Durst, daß er einen ganzen See austrinken könnte. Und wieder wurde mir schwindlig, und ich versuchte mit aller

Macht, das Gesicht des Herrn Sommer zu vergessen, aber je heftiger ich es zu vergessen versuchte, desto deutlicher stand es mir vor Augen: Jede Runzel, jede Falte konnte ich sehen, jede Schweiß- und jede Regenperle, das geringste Zittern dieser Lippen, die etwas zu murmeln schienen. Und das Murmeln wurde deutlicher und lauter, und ich verstand Herrn Sommers Stimme, die flehentlich sagte: »Ja so laßt mich doch endlich in Frieden! Laßt mich doch endlich, endlich in Frieden...!«

Und nun erst konnte ich meine Gedanken von ihm lösen, seine Stimme half mir dabei. Das Gesicht verschwand, und alsbald schlief ich ein.

in den Wald und kletterte mit ihr auf Bäume. Neben ihr auf einem Aste sitzend, schaute ich ihr ins Gesicht, von ganz nah, und erzählte ihr Geschichten. Und sie mußte lachen, bog den Kopf zurück und schloß die Augen, und ich durfte ihr leise hinters Ohr und in den Nacken pusten, dorthin, wo der Flaum war. Solche und ähnliche Träume hatte ich mehrmals in der Woche. Es waren schöne Träume – ich will mich nicht beklagen –, aber es waren eben nur Träume, und wie alle Träume waren sie nicht wirklich sättigend für das Gemüt. Ich hätte alles darum gegeben, Carolina einmal, nur ein einziges Mal in Wirklichkeit bei mir zu haben und ihr in den Nacken oder sonstwohin pusten zu können ... Leider bestand dafür so gut wie keine Aussicht, denn Carolina wohnte, wie die meisten anderen Kinder, in Obernsee, und ich wohnte als einziger in Unternsee. Unsere Schulwege verzweigten sich bereits kurz hinter dem Schultor und liefen stetig auseinander den Schulberg hinunter und über die Wiesen zum Wald, und ehe sie im Wald verschwanden, waren sie schon so weit voneinander entfernt, daß ich Carolina nicht mehr aus der Gruppe der anderen Kinder herauskennen konnte. Nur ihr Lachen konnte ich manchmal noch herüberhören. Bei einer ganz bestimmten Wetterlage, bei Südwind, klang dieses heisere Lachen von ganz weit her über die Felder zu mir und begleitete mich nach Hause. Aber wann gab es in unserer Gegend schon Südwind!

Eines Tages nun – es war ein Samstag – geschah ein Wunder. Mitten in der Pause kam Carolina auf mich zugelaufen, stellte sich vor mich hin, ganz nahe, und sagte: »Du! Du gehst doch immer alleine nach Unternsee?«

»Ja«, sagte ich.

»Du! Am Montag, da geh ich mit dir...«

Und dann sagte sie noch eine Menge zur Erklärung, sprach von einer Freundin ihrer Mutter, die in Unternsee wohne, und daß ihre Mutter sie bei dieser Freundin abholen wolle, und daß sie dann mit der Mutter oder mit der Freundin oder mit der Mutter *und* der Freundin... – ich weiß es nicht mehr, ich habe es vergessen, und ich glaube, ich habe es schon damals sofort vergessen, noch während sie es sagte, denn ich war so überrascht, so

überwältigt von dem Satz: »Am Montag, da geh ich mit dir!«, daß ich überhaupt nichts mehr anderes hören konnte oder wollte als eben nur diesen einen, diesen wunderbaren Satz: »Am Montag, da geh ich mit dir!«

Für den Rest des Tages, ja das ganze Wochenende über, klang mir der Satz im Ohr und klang mir so herrlich – ach, was sage ich! –, klang mir herrlicher als alles, was ich bisher bei den Brüdern Grimm gelesen hatte, herrlicher als das Versprechen der Prinzessin im ›Froschkönig‹: »Du wirst von meinem Tellerchen essen, du darfst in meinem Bettchen schlafen«, und ich zählte die Tage ungeduldiger als Rumpelstilzchen: »Heute back ich, morgen brat ich, übermorgen hol ich der Königin ihr Kind!« Ich kam mir vor wie Hans im Glück und Bruder Lustig und der König vom goldenen Berge in einer Person... »Am Montag, da geh ich mit dir!« –

Ich traf Vorbereitungen. Samstag und Sonntag trieb ich mich im Wald herum, um eine geeignete Route auszuwählen. Denn daß ich mit Carolina nicht auf der normalen Straße gehen würde, stand von Anfang an fest. Sie sollte meine geheimsten Wege kennenlernen, die verborgensten Sehenswürdigkeiten wollte ich ihr zeigen. Der Weg nach Obernsee sollte in ihrer Erinnerung verblassen angesichts der Herrlichkeiten, die sie auf meinem, auf unserem gemeinsamen Weg nach Unternsee zu sehen bekäme.

Nach langem Abwägen entschied ich mich für eine Route, die kurz hinter dem Waldrand rechts von der Straße abbog, durch einen Hohlweg auf eine Tannenschonung führte und von dort über moosiges Gelände zu einem Laubwald, ehe sie steil zum See hinunter abfiel. Diese Route war gespickt mit nicht weniger als sechs Sehenswürdigkeiten, die ich Carolina zeigen und mit meinen fachkundigen Kommentaren erläutern wollte. Im einzelnen handelte es sich dabei um

a) ein Transformatorenhäuschen der Stromwerke, fast noch am Straßenrand gelegen, aus dem ein ständiges Summen zu hören war und an dessen Eingangstüre ein gelbes Schild hing mit einem roten Blitz darauf und der Warnung: »Vorsicht Hochspannung – Lebensgefahr!«

b) eine Ansammlung von sieben Himbeersträuchern mit reifen Beeren daran,

c) eine Futterkrippe für Rehe – zur Zeit zwar ohne Heu, dafür aber mit einem großen Leckstein aus Salz,

d) einen Baum, von dem es hieß, es habe sich nach dem Krieg ein alter Nazi an ihm erhängt,

e) einen Ameisenhaufen von fast einem Meter Höhe und einem Meter fünfzig Durchmesser, und schließlich, als End- und Höhepunkt der Tour,

f) eine wunderbare alte Buche, die ich mit Carolina zu besteigen gedachte, um von einer soliden Astgabel in zehn Meter Höhe eines unvergleichlichen Blickes über den See zu genießen, mich zu ihr zu beugen und ihr in den Nacken zu pusten.

Aus dem Küchenschrank hatte ich Kekse gestohlen, aus dem Eisschrank ein Glas Joghurt, aus dem Keller zwei Äpfel und eine Flasche Johannisbeersaft. All das deponierte ich, in einer Schuhschachtel verpackt, am Sonntagnachmittag auf der Astgabel, damit wir Proviant hätten. Abends im Bett dachte ich mir die Geschichten aus, mit denen ich Carolina unterhalten und zum Lachen bringen wollte, eine für unterwegs, die andere für unseren Aufenthalt auf der Buche. Ich machte noch einmal Licht, suchte aus der Nachttischschublade einen kleinen Schraubenzieher heraus und steckte ihn in meinen Schulranzen, um ihn ihr morgen als eines meiner wertvollsten Besitztümer zum Abschied zu schenken. Zurück im Bett rekapitulierte ich die beiden Geschichten, rekapitulierte aufs genaueste den in Aussicht genommenen Ablauf des morgigen Tages, rekapitulierte mehrmals die Stationen des Weges von a) bis f) und den Ort und den Moment der Übergabe des Schraubenziehers, rekapitulierte den Inhalt des Schuhkartons, der jetzt schon draußen im Wald auf der Astgabel lag und unser harrte – noch nie wurde ein Rendezvous sorgfältiger vorbereitet! –, und überließ mich endlich dem Schlummer, von ihren süßen Worten begleitet: »Am Montag, da geh ich mit dir... am Montag, da geh ich mit dir...«

Der Montag war ein makellos schöner Tag. Die Sonne schien mild, der Himmel war klar und blau wie Wasser, im Wald flöteten die Amseln, und die Spechte hämmerten ins Holz, daß es ringsum widerhallte. Jetzt erst, auf dem Weg zur Schule fiel mir ein, daß ich bei meinen Vorbereitungen gar nicht bedacht hatte, was ich denn bei schlechtem Wetter mit Carolina angefangen hätte. Die Route a) bis f) wäre bei Regen oder Sturm eine Katastrophe gewesen – mit zerzausten Himbeersträuchern, unansehnlichem Ameisenhaufen, quietschend nassem Moosweg, vor Glätte nicht zu besteigender Buche und herabgewehtem oder aufgeweichtem Proviantkarton. Mit Wonne überließ ich mich diesen Katastrophenphantasien, sie verschafften mir süße, weil überflüssige Sorgen und bescherten mir ein geradezu triumphales Glücksgefühl: Nicht nur hatte ich mich keinen Deut um das Wetter gekümmert – nein, das Wetter persönlich kümmerte sich um *mich*! Nicht nur durfte ich heute Carolina Kückelmann begleiten – nein, ich erhielt auch noch den schönsten Tag des Jahres als Zugabe! Ich war ein Sonntagskind. Auf mir ruhte das wohlgefällige Auge des lieben Gottes persönlich. Nur jetzt nicht – so dachte ich – im Zustand der Gnade über die Stränge geschlagen! Nur jetzt keinen Fehler mehr gemacht, aus Übermut oder Stolz, wie das die Helden im Märchen immer taten und dadurch das schon sicher geglaubte Glück doch noch zerstörten!

Ich ging rascher. Auf keinen Fall durfte ich zu spät zur Schule kommen. Während des Unterrichts betrug ich mich tadellos wie noch nie, damit der Lehrer auch nicht den geringsten Anlaß fände, mich womöglich nachsitzen zu lassen. Ich war lammfromm und aufmerksam zugleich, kreuzbrav und oberstreberhaft, ein ausgesuchter Musterschüler. Kein einziges Mal schaute ich zu Carolina hin, ich zwang mich dazu, es nicht zu tun, noch nicht, ich verbot es mir, abergläubisch fast, als könnte ich sie durch einen zu frühen Blick am Ende doch noch verlieren...

Als die Schule aus war, stellte sich heraus, daß die Mädchen noch eine Stunde länger bleiben mußten, ich weiß nicht mehr weshalb, wegen eines Handarbeitsunterrichts oder aus irgendeinem anderen Grunde. Jedenfalls wurden nur wir Buben entlassen. Ich nahm diesen Zwischenfall nicht tragisch – im Gegenteil. Er erschien mir als zusätzliche Prüfung, die ich zu bestehen hätte und auch bestehen würde, und er gab dem ersehnten Zusammensein mit Carolina außerdem noch die Weihe des Besonderen: Eine ganze Stunde lang würden wir aufeinander gewartet haben!

Ich wartete am Scheideweg zwischen Obernsee und Unternsee, keine zwanzig Meter hinter dem Schultor. An dieser Stelle ragte ein Stein aus dem Boden, ein Findling, die glatte Oberfläche eines großen Felsbrockens. Der Stein besaß in der Mitte eine ausgeprägte Vertiefung in Form eines Hufes. Man erzählte sich, daß diese Vertiefung von einem Fußtritt des Teufels herstamme, der dort aus Wut auf den Boden gestampft habe, weil die Bauern in der Nähe eine Kirche gebaut hätten, vor urdenklichen Zeiten. Auf diesen Felsen setzte ich mich und vertrieb mir die Zeit, indem ich eine Pfütze Regenwassers, die sich in der Teufelskuhle angesammelt hatte, mit dem Finger heraus-schnippte. Die Sonne schien mir warm auf den Rücken, der Himmel war immer noch ungetrübt wasserblau, ich saß und wartete und schnippte und dachte an nichts und fühlte mich unbe-schreiblich wohl in meiner Haut.

Dann, endlich, kamen die Mädchen. Erst ein ganzer Schwall, der an mir vorüberrannte, und dann, als allerletzte, *sie*. Ich stand auf. Sie lief auf mich zu, die dunklen Haare wippten, die Spange an der Stirnsträhne tanzte auf und ab, sie hatte ein zitronengelbes Kleid an, ich streckte ihr die Hand entgegen, sie blieb vor mir stehen, so nah wie da-mals in der Pause, ich wollte nach ihrer Hand grei-fen, ich wollte sie an mich ziehen, am liebsten hätte ich sie gleich umarmt und mitten ins Gesicht geküßt, sie sagte: »Du! Hast du auf mich ge-wartet?«

»Ja«, sagte ich.

»Du! Ich geh heut doch nicht mit dir. Die Freundin von meiner Mutter ist krank, und meine Mutter geht nicht zu ihr, und meine Mutter hat gesagt, daß . . .«

Und es folgte ein längerer Wust von Erklärungen, den ich gar nicht mehr richtig hörte, geschweige denn behalten hätte, denn mir wurde auf einmal so merkwürdig taub im Kopf und wackelig auf den Beinen, und das einzige, woran ich mich noch erinnere, ist, daß sie sich nach Beendigung ihrer Rede ganz plötzlich umdrehte und in Richtung Obernsee zitronengelb davonlief, ganz schnell, damit sie die anderen Mädchen noch einholte.

Ich ging den Schulberg hinunter nach Hause. Ich muß wohl sehr langsam gegangen sein, denn als ich den Waldrand erreicht hatte und wie mechanisch hinüberschaute zum weit entfernten Weg nach Obernsee, da war dort niemand mehr zu sehen. Ich blieb stehen, drehte mich um und warf einen Blick zurück auf die gewellte Hügellinie des Schulbergs, woher ich gekommen war. Die Sonne lag satt auf den Wiesen, nicht der Schatten eines Winds fiel auf die Gräser. Die Landschaft war wie erstarrt.

Und dann sah ich ein Pünktchen, das sich bewegte. Ein Pünktchen, ganz links am Waldrand, das in stetiger Bewegung nach rechts wanderte, am Waldrand entlang, den Schulberg hinauf und oben, genau der Kammlinie folgend, quer hinüber nach Süden. Vor der Hintergrundbläue des Himmels zeichnete es sich nun, ameisenklein zwar, aber deutlich als ein Mensch ab, der dort oben ging, und ich erkannte die drei Beine des Herrn Sommer. Regelmäßig wie ein Uhrwerk, in winzigkleinen sekundenschnellen Schrittchen liefen die Beine vorwärts, und das ferne Pünktchen rückte – langsam und schnell zugleich wie der große Zeiger einer Uhr – quer über den Horizont.

Ein Jahr später lernte ich radfahren. Das war nicht eben früh, denn ich maß schon einen Meter fünfunddreißig, wog zweiunddreißig Kilo und hatte Schuhgröße zweiunddreißigeinhalb. Aber das Radfahren hat mich nie besonders interessiert. Diese schwankende Fortbewegungsweise auf nichts als zwei dünnen Rädern kam mir zutiefst unsolide, ja unheimlich vor, denn es konnte mir niemand erklären, weshalb ein Fahrrad im Ruhezustand sofort umfiel, wofern es nicht gestützt, angelehnt oder von jemandem festgehalten wurde – *nicht* aber umfallen sollte, wenn sich ein zweiunddreißig Kilogramm schwerer Mensch darauf setzte und ohne jede Stütze oder Anlehnung damit herumfuhr. Die diesem wunder-

Mensch in der ganzen Gemeinde, der auch nur auf eine Taste drücken konnte – von der Kirchenorgel bis zu Rita Stanglmeiers Akkordeon – ... diese Klavierlehrerin hieß Marie-Luise Funkel, und zwar *Fräulein* Marie-Luise Funkel. Auf dieses »Fräulein« legte sie allergrößten Wert, obwohl ich mein Lebtag kein weibliches Wesen gesehen habe, das weniger fräuleinhaft ausgesehen hätte als Marie-Luise Funkel. Sie war uralt, weißhaarig, bucklig, schrumpelig, hatte ein kleines schwarzes Bärtchen auf der Oberlippe und überhaupt keinen Busen. Ich weiß das, weil ich sie einmal im Unterhemd gesehen habe, als ich aus Versehen eine Stunde zu früh zum Unterricht kam und sie ihren Mittagsschlaf noch nicht beendet hatte. Da stand sie in der Haustür ihrer riesigen alten Villa, nur mit einem Rock und einem Unterhemd bekleidet, aber nicht etwa einem zarten, weiten, seidenen Unterhemd, wie es Damen wohl tragen mögen, sondern mit einem jener enganliegenden, achselfreien Baumwolltrikots, die wir Buben in der Turnstunde anhatten, und aus diesem Turnertrikothemd hingen ihre schrumpeligen Arme, ragte ihr dünner lederner Hals – und darunter war es flach und mager wie eine Hühnerbrust. Trotzdem bestand sie – wie gesagt – auf dem »Fräulein« vor dem »Funkel«, und zwar deshalb, weil – wie sie des öfteren erklärte, ohne daß sie jemand danach gefragt hätte –, weil die Männer sonst denken könnten, sie sei schon verheiratet, wohingegen sie doch ein lediges Mädchen und noch zu haben sei. Diese Erklärung war natürlich nichts als barer Unsinn, denn den Mann, der die alte, schnurrbärtige, busenlose Marie-Luise Funkel geheiratet hätte, den gab es auf der ganzen Welt nicht.

In Wahrheit nannte sich Fräulein Funkel »Fräulein Funkel«, weil sie sich gar nicht »Frau Funkel« hätte nennen können, selbst wenn sie es gewollt hätte, denn es gab schon eine Frau Funkel... oder vielleicht sollte ich besser sagen: es gab noch eine Frau Funkel. Fräulein Funkel hatte nämlich eine Mutter. Und wenn ich zuvor gesagt habe, daß Fräulein Funkel uralt gewesen sei, so weiß ich gar nicht, wie ich Frau Funkel nennen soll: steinalt, beinalt, knochenalt, baumalt, urur-

Komm, gib dem Buben einen Keks, er hat so schön gespielt!« Und dann mußte man quer durch das Zimmer in die Ecke gehen, sich dicht vor den Ohrensessel stellen und der alten Mumie die Hand entgegenstrecken. Und abermals brüllte Fräulein Funkel: »Gib dem Buben einen Keks, Ma!«, und dann kam, unbeschreiblich langsam, irgendwoher aus der Tüllumhüllung oder aus dem schwarzen Samtgewand eine bläuliche, zitternde, glaszarte Greisenhand hervor, wanderte, ohne daß die Augen oder der Schildkrötenkopf folgten, nach rechts über die Armlehne zu einem Beistelltischchen, auf dem eine Schale mit Gebäck stand, entnahm der Schale einen Keks, meist einen mit weißer Creme gefüllten, rechteckigen Waffel-keks, wanderte mit diesem Keks langsam zurück über den Tisch, über die Ohrensessellehne, über den Schoß hin zur aufgehaltenen Kinderhand und legte ihn dort mit knochigen Fingern hinein wie ein Stück Gold. Manchmal geschah es, daß sich dabei Kinderhand und Greisenfingerspitzen für einen kurzen Moment berührten, und man erschrak bis ins Mark, denn man war auf einen har-

ten, fischkalten Kontakt gefaßt, und es wurde eine warme, ja heiße und dabei unglaublich zarte, leichtgewichtige, flüchtige und dennoch schaudernmachende Berührung wie die eines Vogels, der einem aus der Hand entfliegt. Und man stammelte sein »Dankeschön, Frau Funkel« und machte, daß man wegkam, hinaus aus dem Zimmer, hinaus aus dem finsteren Haus, ins Freie hinaus, an die Luft, an die Sonne.

Ich weiß nicht mehr, wie lange ich brauchte, um die unheimliche Kunst des Radfahrens zu erlernen. Ich weiß nur noch, daß ich's mir selber beigebracht habe, mit einer Mischung aus Widerwillen und verbissenem Eifer, auf dem Fahrrad meiner Mutter, in einem leicht abschüssigen Hohlweg im Wald, wo mich keiner sehen konnte. Die Böschungen dieses Weges standen zu beiden Seiten so dicht und so steil, daß ich mich jederzeit abstützen konnte und ziemlich weich fiel, ins Laub oder in lockere Erde. Und irgendwann einmal, nach vielen, vielen gescheiterten Versuchen, fast überraschend plötzlich, hatte ich den Dreh raus. Ich bewegte mich, all meinen theoretischen Bedenken und meiner tiefen Skepsis zum Trotz, frei auf zwei Rädern: ein verblüffendes Gefühl und ein stolzes! Auf der Terrasse unseres Hauses und dem angrenzenden Rasen absolvierte ich vor versammelter Familie eine Probefahrt, wofür ich den Beifall meiner Eltern und das schrille Gelächter meiner Geschwister erntete. Anschließend wies mich mein Bruder in die wichtigsten Regeln der Straßenverkehrsordnung ein, zuvörderst in die Regel, immer strikt rechts zu fahren, wobei rechts als diejenige Seite definiert war, wo sich die Handbremse an der Lenkstange befand[1], und von da an fuhr ich mutterseelenallein einmal in der Woche zu Fräulein Funkel in die Klavierstunde, Mittwoch nachmittags von drei bis vier. Freilich, von den dreizehneinhalb Minuten, die mein Bruder zur Bewältigung der Strecke veranschlagt hatte,

---

1) Noch heute halte ich mich an diese einprägsame Definition, wenn ich in einem Zustand momentaner Verwirrung nicht mehr weiß, wo rechts oder links ist. Ich stelle mir dann einfach eine Fahrradlenkstange vor, betätige im Geist die Handbremse und bin wieder bestens orientiert. Fahrräder, die an beiden Seiten der Lenkstange eine Handbremse besitzen oder – schlimmer noch! – nur auf der linken Seite, würde ich niemals besteigen.

konnte bei mir gar keine Rede sein. Mein Bruder war fünf Jahre älter als ich und besaß ein Fahrrad mit Rennlenker und Dreigangkettenschaltung. Ich hingegen radelte im Stehen auf dem viel zu großen Fahrrad meiner Mutter. Selbst wenn man den Sattel ganz herunterschraubte, konnte ich nicht gleichzeitig sitzen und in die Pedale treten, sondern nur entweder treten oder sitzen, was zu einer äußerst ineffizienten, ermüdenden und, wie mir bewußt war, auch durchaus lächerlich anzusehenden Fahrweise zwang: Im Stehen strampelnd mußte ich das Rad auf Touren bringen, mich bei voller Fahrt in den Sattel wuchten, dort auf schwankendem Sitz mit weit abgespreizten oder hochgezogenen Beinen verharren, bis das Rad fast ausgerollt war, um dann wieder in die noch rotierenden Pedale zu steigen und erneut Schwung zu holen. Mit dieser schubweisen Technik schaffte ich den Weg von unserem Haus, den See entlang, durch Obernsee hindurch bis zur Villa von Fräulein Funkel in knapp zwanzig Minuten, wenn – ja, wenn nichts dazwischenkam! Und Zwischenfälle gab es viele. Es verhielt sich nämlich so, daß ich zwar fahren, lenken, bremsen, auf- und absteigen usw. konnte, nicht aber in der Lage war zu überholen, mich überholen zu lassen oder jemandem zu begegnen. Sobald nur das leiseste Motorengeräusch eines sich von vorn oder hinten nähernden Autos zu hören war, bremste ich sofort, stieg ab und wartete so lange, bis der Wagen passiert war. Sobald andere Radfahrer vor mir auftauchten, hielt ich an und wartete, bis sie vorübergefahren waren. Beim Überholen eines Fußgängers stieg ich kurz hinter ihm ab, rannte, das Fahrrad schiebend, an ihm vorbei und radelte erst weiter, nachdem ich ihn weit hinter mir gelassen hatte. Ich mußte eine vollkommen freie Strecke vor und hinter mir haben, um zu radeln, und es durfte mich möglichst niemand dabei beobachten. Schließlich war da noch, auf halbem Weg zwischen Unternsee und Obernsee, der Hund von Frau Dr. Hartlaub, ein widerlicher kleiner Terrier, der sich oft auf der Straße herumtrieb und auf alles, was Räder hatte, kläffend losstürzte. Seinen Angriffen konnte man nur entgehen, indem man das Fahrrad an den Straßenrand

mit dem Kopf zu wackeln, wurde rot übers ganze Gesicht, rempelte einen mit dem Ellenbogen in die Seite, schnippte wütend mit den Fingern in der Luft herum und brüllte plötzlich los, wobei sie wüste Beschimpfungen ausstieß. Die schlimmste derartige Szene erlebte ich etwa ein Jahr nach dem Beginn meines Unterrichts, und sie hat mich so sehr erschüttert, daß ich noch heute nicht ohne Erregung an sie zurückdenken kann.

Ich war zu spät gekommen, um zehn Minuten. Der Terrier von Frau Dr. Hartlaub hatte mich am Gartenzaun festgenagelt, zwei Autos waren mir begegnet, vier Fußgänger hatte ich überholen müssen. Als ich bei Fräulein Funkel eintraf, lief sie bereits mit rotem, wackelndem Kopf im Zimmer auf und ab und schnippte mit den Fingern in der Luft herum.

»Weißt du, wie spät es ist?« knurrte sie. Ich sagte nichts. Ich hatte keine Uhr. Ich bekam meine erste Armbanduhr zum dreizehnten Geburtstag.

»Da!« rief sie und schnippte in Richtung Zimmerecke, wo über der reglos dasitzenden Ma Funkel die Pendeluhr tickte. »Es ist gleich Viertel nach drei! Wo hast du dich schon wieder herumgetrieben?«

Ich begann etwas daherzustammeln von dem Hund der Frau Dr. Hartlaub, aber sie ließ mich gar nicht ausreden. »Hund!« fiel sie mir ins Wort, »jaja, mit einem Hund gespielt! Eis wirst du gegessen haben! Ich kenne euch doch! Dauernd treibt ihr euch am Kiosk von Frau Hirt herum und habt nichts anderes im Sinn, als Eis zu schlecken!«

Das war nun eine fürchterliche Gemeinheit! Mir vorzuwerfen, ich hätte am Kiosk von Frau Hirt Eis gekauft! Wo ich noch nicht einmal Taschengeld bekam! Mein Bruder und seine Freunde, die machten solche Sachen. Die trugen ihr gesamtes Taschengeld zum Kiosk von Frau Hirt. Aber ich doch nicht! Ich mußte jedes einzelne Eis meiner Mutter oder meiner Schwester mühsam abbetteln! Und nun wurde ich beschuldigt, ich hätte mich, statt im Schweiße meines Angesichts und unter größten Schwierigkeiten in die Klavierstunde zu radeln, eisschleckenderweise am Kiosk von Frau Hirt herumgetrieben! Vor so viel Niedertracht versagte mir die Sprache, und ich begann zu weinen.

»Hör zu heulen auf!« baffte Fräulein Funkel. »Hol deine Sachen heraus und zeig, was du gelernt hast! Wahrscheinlich hast du auch wieder nicht geübt.«

Damit hatte sie nun leider nicht ganz unrecht. Tatsächlich war ich in der vergangenen Woche so gut wie gar nicht zum Üben gekommen, einerseits, weil ich wichtige andere Dinge zu tun hatte, andrerseits, weil die aufgegebenen Etüden ekelhaft schwer waren, fugenhaftes Zeugs im Kanonschritt, rechte und linke Hand weit auseinanderlaufend, die eine unvermittelt da, die andere unvermittelt dort verharrend, in widerborstigem Rhythmus und ungewohnten Intervallen, obendrein noch scheußlich klingend. Der Komponist hieß Häßler, wenn ich mich nicht irre – der Teufel soll ihn holen!

Trotzdem glaube ich, daß ich mich mit einigem Anstand durch die beiden Stücke hindurchgewurstelt hätte, wenn nicht die verschiedenen Aufregungen während der Herfahrt – hauptsächlich die Attacke des Terriers von Frau Dr. Hart-laub – und das anschließende Donnerwetter von Fräulein Funkel meine Nerven völlig zerrüttet hätten. Nun aber saß ich zitternd und schwitzend und mit von Tränenschleiern getrübten Augen am Klavier, vor mir achtundachtzig Tasten und die Etüden des Herrn Häßler, hinter mir Fräulein Funkel, die mir ihren wütenden Atem in den Nacken blies... – und scheiterte vollkommen. Alles brachte ich durcheinander, Baß- und Violinschlüssel, halbe und ganze Noten, Viertel- und Achtelpausen, links und rechts... Ich kam nicht einmal bis zum Ende der ersten Zeile, dann zersprangen Tasten und Noten in einem Kaleidoskop von Tränen, und ich ließ die Hände sinken und weinte nur noch still vor mich hin.

»Dassss habe ich mir gedacht!« zischte es von hinten, und ein feinzerstäubter Speichelnebel sprühte mir in den Nacken. »Dassss habe ich mir gedacht. Zu spät kommen und Eis essen und Ausreden erfinden, dassss können die Herrschaften! Aber ihre Hausaufgaben machen, dassss können sie nicht! Warte, Bürschlein! Dir werd' ich's beibringen!« Und damit schoß sie hinter meinem Rücken hervor, pflanzte sich neben mich auf die Sitzbank, packte mit beiden Händen meine Rechte, ergriff deren einzelne Finger und stampfte sie nacheinander in die Tasten, wie es Herr Häßler komponiert hatte: »Der da hin! Und der da hin! Und der da hin! Und der Daumen hier! Und der dritte hier! Und der hier! Und dieser hier...!«

Und als sie mit der Rechten zu Ende gekommen war, kam die Linke dran, nach der gleichen Methode: »Der da hin! Und der da hin! Und der da hin...!«

So verbissen quetschte sie an meinen Fingern herum, als wollte sie mir die Etüde Note für Note in die Hände kneten. Das tat ziemlich weh und dauerte etwa eine halbe Stunde lang. Dann ließ sie endlich von mir ab, klappte das Heft zu und fauchte: »Bis zum nächsten Mal wirst du sie können, Bürschlein, und zwar nicht nur vom Blatt, sondern auswendig und allegro, sonst kannst du was erleben!« Und dann schlug sie eine dicke vierhändige Partitur auf und knallte sie auf den

Notenständer. »Und jetzt werden wir noch zehn Minuten Diabelli spielen, damit du endlich Noten lesen lernst. Wehe, du machst einen Fehler!«

Ich nickte ergeben und wischte mir mit dem Ärmel die Tränen aus dem Gesicht. Diabelli, das war ein freundlicher Komponist. Das war kein solcher Fugenschinder wie dieser grauenhafte Häßler. Diabelli war einfach zu spielen, bis zur Einfältigkeit einfach, und klang dabei doch immer sehr famos. Ich liebte Diabelli, auch wenn meine Schwester manchmal sagte: »Wer gar nicht Klavier spielen kann, der kann immer noch Diabelli spielen.«

Wir spielten also Diabelli vierhändig, Fräulein Funkel links im Baß orgelnd und ich mit beiden Händen unisono rechts im Diskant. Eine Weile lang ging das recht flott dahin, ich fühlte mich in zunehmendem Maße sicher, dankte dem lieben Gott, daß er den Komponisten Anton Diabelli geschaffen hatte, und vergaß schließlich in meiner Erleichterung, daß die kleine Sonatine in G-Dur notiert und also am Anfang mit einem Fis vorgezeichnet gewesen war; dies bedeutete, daß man sich auf Dauer nicht nur auf den weißen Tasten bequem dahinbewegen konnte, sondern an bestimmten Stellen, ohne weitere Vorwarnung im Notentext, eine schwarze Taste anzuschlagen hatte, eben jenes Fis, welches sich gleich unterhalb des G befand. Als nun zum ersten Mal das Fis in meinem Part erschien, erkannte ich es nicht als solches, tappte prompt daneben und spielte stattdessen F, was, wie jeder Musikfreund sofort begreifen wird, einen unerfreulichen Mißklang ergab.

»Typisch!« fauchte Fräulein Funkel und brach ab. »Typisch! Bei der ersten kleinen Schwierigkeit haut der Herr gleich daneben! Hast du keine Augen im Kopf? Fis! Da steht es groß und deutlich! Merk's dir! Noch mal von vorn! Eins-zwei-drei-vier...«

Wie es dazu kam, daß ich beim zweiten Mal den gleichen Fehler wieder machte, ist mir noch heute nicht ganz erklärlich. Vermutlich war ich so sehr darauf bedacht, ihn *nicht* zu machen, daß ich hinter jeder Note ein Fis witterte, am liebsten von Anfang an nur lauter Fis gespielt hätte, mich regelrecht zwingen mußte, Fis nicht zu spielen, noch nicht Fis, noch nicht... bis... – ja, bis ich eben an der bewußten Stelle abermals F statt Fis spielte.

Sie wurde mit einem Schlag knallrot im Gesicht und kreischte los: »Ja ist das denn die Möglichkeit! Fis hab' ich gesagt, zum Donnerwetter! Fis! Weißt du nicht, was ein Fis ist, du Holzkopf? Da!« – peng-peng – und sie klatschte mit ihrem Zeigefinger, dessen Spitze vom jahrezehntelangen Klavierunterricht schon so breitgeklopft war wie ein Zehnpfennigstück, auf die schwarze Taste unterhalb des G – »...*Das* ist ein Fis!...« – peng-peng – »...*Das* ist... –« Und an dieser Stelle mußte sie niesen. Nieste, wischte sich rasch mit dem erwähnten Zeigefinger über den Schnurrbart und hieb anschließend noch zwei-, dreimal auf die Taste, laut kreischend: »*Das* ist ein Fis, *das* ist ein Fis...!« Dann zog sie ihr Taschentuch aus der Manschette und schneuzte sich.

Ich aber starrte auf das Fis und erbleichte. Am vorderen Ende der Taste klebte eine ungefähr fingernagellange, beinahe bleistiftdicke, wurmhaft gekrümmte, grüngelblich schillernde Portion schleimig frischen Rotzpopels, offenbar stammend aus der Nase von Fräulein Funkel, von wo sie durch das Niesen auf den Schnurrbart, vom Schnurrbart durch die Wischbewegung auf den Zeigefinger und vom Zeigefinger auf das Fis gelangt war.

»Noch mal von vorne!« knurrte es neben mir. »Eins-zwei-drei-vier...« – und wir begannen zu spielen.

Die folgenden dreißig Sekunden zählten zu den entsetzlichsten meines Lebens. Ich spürte, wie mir das Blut aus den Wangen wich und der Angstschweiß in den Nacken stieg. Die Haare sträubten sich mir auf dem Kopfe, meine Ohren wurden abwechselnd heiß und kalt und schließlich taub, als seien sie verstopft, ich hörte kaum noch etwas von der lieblichen Melodie des Anton Diabelli, die ich selber wie mechanisch spielte, ohne Blick aufs Notenheft, die Finger taten's nach der zweiten Wiederholung von alleine – ich starrte nur mit Riesenaugen auf die schlanke schwarze Taste unterhalb des G, auf der Marie-Luise Funkels Rotzeballen klebte... noch sieben Takte, noch sechs ... es war unmöglich, die Taste zu drücken, ohne mitten in den Schleim hineinzutappen ... noch fünf Takte, noch vier ... wenn ich aber nicht hineintappte und zum dritten Mal das F statt des Fis spielte, dann ... noch drei Takte – o lieber Gott, mach ein Wunder! Sag etwas! Tu etwas! Reiß die Erde auf! Zertrümmere das Klavier! Laß die Zeit rückwärts gehen, damit ich nicht dies Fis spielen muß! ... noch zwei Takte, noch einer ... und der liebe Gott schwieg und tat nichts, und der letzte fürchterliche Takt war da, er bestand – ich weiß es noch genau – aus sechs Achteln, die vom D herunter bis zum Fis liefen und in einer Viertelnote auf dem darüberliegenden G mündeten ... wie in den Orkus taumelten meine Finger diese Achteltreppe hinunter, D-C-H-A-G ... – »Fis jetzt!« schrie es neben mir ... und ich, im klarsten Bewußtsein dessen, was ich tat, mit vollkommener Todesverachtung, spielte F. –

Ich konnte gerade noch die Finger von den Tasten ziehen, da knallte schon der Klaviaturdeckel herab, und gleichzeitig schoß Fräulein Funkel neben mir in die Höhe wie ein Schachtelteufel.

»Das hast du mit Absicht gemacht!« brüllte sie mit sich überschlagender Stimme, so gellend laut, daß es mir trotz meiner Taubheit in den Ohren schepperte. »Mit voller Absicht hast du das gemacht, du lumpiger Lausebengel! Du Rotzbub, du verstockter! Du unverschämter kleiner Dreckskerl, du...«

Und nun raste sie in wildem Stampfschritt um den Eßtisch herum, der in der Mitte des Zimmers stand, und schlug bei jedem zweiten Wort krachend mit der Faust auf die Tischplatte.

»Aber ich lasse mich von dir nicht an der Nase herumführen, hörst du! Bilde dir nicht ein, daß ich so mit mir umspringen lasse! Ich rufe deine Mutter an. Ich rufe deinen Vater an. Ich verlange, daß du eine Tracht Prügel beziehst, daß du eine Woche nicht mehr sitzen kannst! Ich verlange, daß du drei Wochen Hausarrest bekommst und jeden Tag drei Stunden lang die Tonleiter G-Dur übst, und D-Dur dazu und A-Dur dazu, mit Fis und Cis und Gis, so lange, bis du sie im Schlaf kannst! Du sollst mich kennenlernen, Bürschlein! Du sollst mich... am liebsten würde ich

dich jetzt gleich... höchstpersönlich... eigen-
händig...«

Und da versagte ihr vor Wut die Stimme, und
sie ruderte mit beiden Armen in der Luft herum
und wurde so dunkelrot im Gesicht, als müßte sie
im nächsten Augenblick zerplatzen, und packte
schließlich einen Apfel, der vor ihr in der Obst-
schale lag, holte aus und schleuderte ihn mit solcher Wucht gegen die Wand, daß er dort zu einem
braunen Fleck zerklatschte, links neben der Pendeluhr, knapp oberhalb des Schildkrötenkopfes
ihrer alten Mutter.

Gespenstisch dann, wie sich, als hätte man auf
einen Knopf gedrückt, im Tüllberg etwas regte
und aus den Falten des Gewands die Greisenhand
hervorkam, um automatenhaft nach rechts zu
wandern, zu den Keksen...

Aber das bemerkte Fräulein Funkel gar nicht,
das sah nur ich. Sie hingegen hatte die Türe aufge-
rissen, deutete mit gestrecktem Arm hinaus und
krächzte: »Pack deine Sachen und verschwinde!«
und schleuderte, als ich hinausgetaumelt war, die
Türe krachend hinter mir zu.

Ich zitterte am ganzen Körper. Meine Knie schlotterten so sehr, daß ich kaum gehen, geschweige denn fahren konnte. Mit bebenden Händen klemmte ich die Noten auf dem Gepäckträger fest und schob das Rad neben mir her. Und während ich schob, kochten die finstersten Gedanken in meiner Seele. Was mich in Aufruhr versetzt, was mich in diese bis zum Schüttelfrost gehende Erregung getrieben hatte, war nicht das Donnerwetter von Fräulein Funkel gewesen; nicht die Androhung von Prügel und Hausarrest; nicht Angst vor irgend etwas. Es war vielmehr die empörende Erkenntnis, daß die ganze Welt nichts anderes war als eine einzige, ungerechte, bösartige, niederträchtige Gemeinheit. Und schuld an dieser Hundsgemeinheit waren die anderen. Und zwar alle. Insgesamt und ohne Ausnahme alle anderen. Angefangen von meiner Mutter, die mir kein anständiges Fahrrad kaufte; meinem Vater, der ihr immer beipflichtete; meinem Bruder und meiner Schwester, die hämisch darüber lachten, daß ich im Stehen radfahren mußte; dem widerlichen Köter von Frau Dr. Hartlaub, der mich im-

mer belästigte; den Spaziergängern, die die Seestraße verstopften, so daß ich notwendigerweise
zu spät kommen mußte; dem Komponisten Häßler, der mich mit seinen Fugen anödete und
quälte; dem Fräulein Funkel mit ihren verlogenen
Beschuldigungen und ihrem ekelhaften Nasen-
popel auf dem Fis ... bis hin zum lieben Gott, ja,
auch dem sogenannten lieben Gott, der, wenn
man ihn *einmal* brauchte und flehentlich um Bei-
stand bat, nichts Besseres zu tun hatte, als sich in
ein feiges Schweigen zu hüllen und dem unge-
rechten Schicksal seinen Lauf zu lassen. Wozu
brauchte ich diese ganze Bagage, die sich gegen
mich verschworen hatte? Was ging mich diese
Welt noch an? In einer solchen Welt der Niedertracht, da hatte ich nichts verloren. Sollten doch
die anderen an ihrer eigenen Gemeinheit erstik-
ken! Sollten sie ihre Rotze doch hinschmieren, wo
sie wollten! Ohne mich! Ich spielte da nicht länger
mit. Ich würde dieser Welt ade sagen. Ich würde
mich umbringen. Und zwar sofort.

Als ich diesen Gedanken ausgebrütet hatte,
wurde mir ganz leicht ums Herz. Die Vorstel-

lung, daß ich ja nur »aus dem Leben zu scheiden« brauchte – wie man diesen Vorgang freundlicherweise nannte –, um aller Widerwärtigkeiten und Ungerechtigkeiten mit einem Schlag enthoben zu sein, hatte etwas ungemein Tröstliches und Befreiendes. Die Tränen waren versiegt. Das Zittern hatte aufgehört. Es war wieder Hoffnung in der Welt. Nur gleich mußte es sein. Sofort. Ehe ich es mir anders überlegte.

Ich schwang mich in die Pedale und fuhr los. In der Ortsmitte von Obernsee nahm ich nicht den Weg zurück nach Hause, sondern bog rechts von der Seestraße ab, fuhr durch den Wald den Hügel hinauf und holperte über einen Feldweg hinüber zu meinem Schulweg in Richtung Transformatorenhäuschen. Dort stand der größte Baum, den ich kannte, eine mächtige alte Rotfichte. Diesen Baum wollte ich besteigen und und mich von seinem Wipfel herabstürzen. Eine andere Todesart wäre mir gar nicht in den Sinn gekommen. Ich wußte zwar, daß man sich auch ertränken, erdolchen, erhängen, ersticken oder mit elektrischem Strom zu Tode bringen konnte – letzteres hatte mir mein Bruder einmal in extenso erklärt, »aber da brauchst du einen Nulleiter«, hatte er gesagt, »das ist das A und O, ohne Nulleiter passiert gar nichts, sonst würden ja alle Vögel, die sich auf eine Stromleitung setzen, sofort mausetot herunterfallen. Tun sie aber nicht. Und warum nicht? Weil sie keinen Nulleiter haben. Du kannst dich sogar – theoretisch – an eine Hunderttausend-Volt-Hochspannungsleitung hängen, ohne daß dir das geringste passiert – wenn du keinen Nulleiter hast.« Soweit mein Bruder. Mir war das alles viel zu kompliziert, elektrischer Strom und diese Dinge. Außerdem wußte ich nicht, was ein Nulleiter ist. Nein – für mich kam nur der Sturz von einem Baum in Frage. Im Stürzen hatte ich Erfahrung. Das Stürzen schreckte mich nicht. Es war die einzige mir gemäße Art, aus dem Leben zu scheiden.

Ich stellte das Fahrrad neben dem Transformatorenhäuschen ab und schlug mich durch die Büsche zur Rotfichte. Sie war schon so alt, daß sie unten keine Äste mehr besaß. Ich mußte erst auf eine benachbarte kleinere Tanne klettern und mich von dort hinüberhangeln. Dann war alles sehr einfach. Auf dicken, griffigen Ästen stieg ich himmelwärts, fast so bequem wie auf einer Leiter, und hielt erst ein, als über mir plötzlich das Licht durch die Zweige brach und der Stamm so dünn geworden war, daß ich sein leises Schwanken spürte. Ich befand mich noch ein Stück von der Krone entfernt, aber als ich nun zum ersten Mal nach unten schaute, sah ich den Boden nicht mehr, so teppichdicht lag das grünbraune Geflecht von Nadelbuschen und Zweigen und Fichtenzapfen zu meinen Füßen ausgebreitet. Unmöglich, von hier zu springen. Es wäre einem Sprung von oberhalb der Wolken gleichgekommen, wie in ein nahes, trügerisch solides Bett, mit anschließendem Sturz ins Ungewisse. Ich aber wollte nicht ins Ungewisse stürzen, ich wollte sehen, wo, wohin und wie ich fiel. Mein Fall sollte ein freier Fall nach den Gesetzen Galileo Galileis sein.

Ich kletterte also wieder zurück in die dämmrige Region, den Stamm von Ast zu Ast umrundend und nach unten spähend, wo sich eine Lücke für den freien Fall auftäte. Ein paar Äste tiefer fand ich sie: eine ideale Flugbahn, wie ein Schacht so tief, senkrecht hinunter auf den Boden, wo die knorrigen Wurzelstränge des Baumes für einen harten und unweigerlich tödlichen Aufprall sorgen würden. Ich mußte nur ein wenig vom Stamm abrücken, mich ein weniges auf dem Ast nach außen schieben, ehe ich spränge, um vollkommen ungehindert in die Tiefe stürzen zu können.

Langsam ließ ich mich in die Knie, setzte mich auf den Ast, lehnte mich an den Stamm und verschnaufte. Bis zu diesem Moment war ich gar nicht dazu gekommen, darüber nachzudenken, was ich eigentlich zu tun im Begriffe war, so sehr hatte mich die Ausführung der Tat selbst in Anspruch genommen. Nun aber, vor dem entscheidenden Augenblick, kamen die Gedanken wieder, sie drängten sich heran, und ich lenkte sie, nachdem ich nochmals die ganze böse Welt und all ihre Bewohner in Bausch und Bogen verdammt und verflucht hatte, auf die sehr viel anheimelndere Vorstellung meiner eigenen Beerdigung. Oh, es würde eine prächtige Beerdigung werden! Die Kirchenglocken würden klingen, die Orgel würde brausen, der Friedhof von Obernsee könnte die Menge der Trauernden kaum fassen. Ich läge auf Blumen gebettet im gläsernen Sarg, ein schwarzes Rößlein würde mich ziehen, und um mich wäre nichts als ein großes Schluchzen zu hören. Es schluchzten meine Eltern und meine Geschwister, es schluchzten die Kinder aus meiner Klasse, es schluchzten Frau Dr. Hartlaub und Fräulein Funkel, von weither waren Verwandte und Freunde zum Schluchzen gekommen, und alle schlugen sich, während sie schluchzten, vor die Brust und brachen in Wehklagen aus und riefen: »Ach! Wir sind schuld, daß dieser liebe, einzigartige Mensch nicht mehr bei uns ist! Ach! Hätten wir ihn doch besser behandelt, wären wir doch nicht so böse und ungerecht zu ihm gewesen, dann würde er jetzt noch leben, dieser gute, dieser liebe, dieser einzigartige und freundliche Mensch!« Und am Rande meines Grabes stand Carolina Kückelmann und warf mir einen Strauß Blumen und den allerletzten Blick nach und rief unter Tränen mit schmerzzerquälter heiserer Stimme: »Ach, du Lieber! Du Einzigartiger! Wäre ich doch damals am Montag mit dir gegangen!«

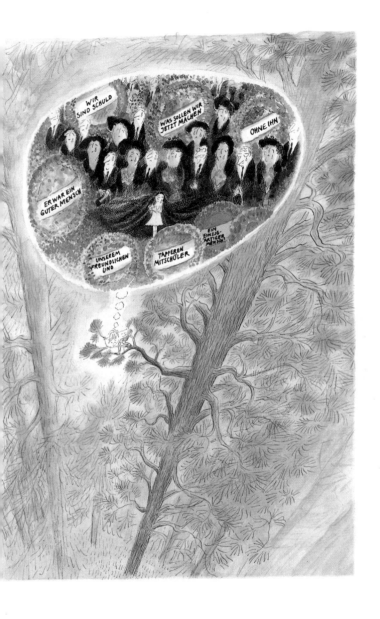

Herrlich, diese Phantasien! Ich schwelgte in ihnen, ich spielte die Beerdigung in immer neuen Varianten durch, von der Aufbahrung bis zum Leichenschmaus, bei dem rühmende Nachreden auf mich gehalten wurden, und schließlich war ich selbst so gerührt davon, daß ich, wenn nicht schluchzte, so doch feuchte Augen bekam. Es war die schönste Beerdigung, die man je in unserer Gemeinde gesehen hatte, und noch Jahrzehnte später würde man in wehmütiger Erinnerung davon erzählen... Jammerschade nur, daß ich selbst nicht wirklich würde daran teilnehmen können, denn ich wäre ja dann tot. Daran war bedauerlicherweise nicht zu zweifeln. Ich *mußte* tot sein bei meiner eigenen Beerdigung. Beides war nicht auf einmal zu haben: die Rache *an* der Welt und das Weiterleben *in* der Welt. Also die Rache!

Ich löste mich vom Stamm der Fichte. Langsam, Zentimeter für Zentimeter, rückte ich nach außen, mit der rechten Hand am Stamm mich halb stützend, halb abdrückend, mit der linken den Ast umklammernd, auf dem ich saß. Es kam der

Moment, da ich den Stamm nur eben noch mit den Fingerspitzen berührte ... und dann auch mit den Fingerspitzen nicht mehr... und dann saß ich, ohne seitliche Stütze, nur noch mit beiden Händen festgekrallt auf dem Ast, frei wie ein Vogel, unter mir die Tiefe. Ganz, ganz vorsichtig schaute ich hinunter. Ich schätzte meine Höhe über dem Boden auf die dreifache Höhe des Giebels unseres Hauses, und der Giebel unseres Hauses war zehn Meter hoch. Das machte also dreißig Meter. Nach den Gesetzen des Galileo Galilei bedeutete das eine mir bevorstehende Fallzeit von exakt 2,4730986 Sekunden[1] und somit den Aufprall am Boden mit einer Endgeschwindigkeit von 87,34 Stundenkilometern[2].

[1] Bei Vernachlässigung des Luftwiderstandes!
[2] Selbstverständlich habe ich diese Berechnung bis auf sieben Stellen hinter dem Komma nicht damals auf dem Aste sitzend, sondern erst sehr viel später mit Hilfe eines Taschenrechners durchgeführt. Die Fallgesetze waren mir seinerzeit ja auch nur als Wort vom Hörensagen her bekannt, nicht in ihrer genauen Bedeutung oder in ihrer mathematischen Formel. Meine damaligen Berechnungen beschränkten sich auf das Abschätzen der Fallhöhe und auf die durch diverse empirische Erfahrungen gestützte Mutmaßung, daß die Fallzeit vergleichsweise lang und die Aufprallgeschwindigkeit vergleichsweise sehr hoch sein würde.

Lange schaute ich hinunter. Die Tiefe lockte. Sie zog verführerisch an. Sie winkte gleichsam »komm, komm!«. Sie zerrte wie an unsichtbaren Fäden, »komm, komm!«. Und es war einfach. Kinderleicht war es. Nur ein bißchen nach vorne gelehnt, nur ein ganz klein wenig aus dem Gleichgewicht gerückt – der Rest ging von alleine... »Komm, komm!«

Ja! Ich will ja! Ich kann mich nur noch nicht entscheiden, wann! Für einen ganz bestimmten Augenblick, für einen Punkt, für einen Zeit-Punkt! Ich kann nicht sagen: »Jetzt! Jetzt tu ich's!«

Ich entschloß mich, bis drei zu zählen, wie wir es beim Wettlaufen taten oder wenn wir ins Wasser sprangen, und bei ›drei‹ mich fallen zu lassen. Ich holte Luft und zählte:

»Eins... zwei...« – Und dann unterbrach ich noch einmal, weil ich nicht wußte, ob ich mit offenen oder mit geschlossenen Augen springen sollte. Ich entschied mich nach kurzer Überlegung dafür, mit geschlossenen Augen zu zählen, mich bei ›drei‹ noch geschlossenen Auges ins

keuchte. Als sich sein Atem ein wenig beruhigt hatte, hielt er ihn abrupt an und bewegte dabei den Kopf ruckweise nach allen Seiten, wohl um zu lauschen. Dann duckte er sich und spähte nach links unter die Büsche, nach rechts ins Gehölz, schlich einmal wie ein Indianer um den Baum herum, erschien wieder an derselben Stelle, spähte und lauschte abermals ringsum (nur nicht nach oben!), warf, nachdem er sich vergewissert hatte, daß niemand ihm gefolgt und kein Mensch weit und breit zu sehen war, mit drei raschen Bewegungen Strohhut, Stock und Rucksack von sich und legte sich der Länge nach zwischen die Wurzeln auf den Waldboden wie in ein Bett. Doch er ruhte nicht in diesem Bett, er stieß, kaum daß er lag, einen langen, schauerlich klingenden Seufzer aus – nein, es war kein Seufzer, in einem Seufzer klingt schon Erleichterung mit, es war eher ein ächzendes Stöhnen, ein tiefer, klagender Brustlaut, in dem sich Verzweiflung und die Sehnsucht nach Erleichterung mischten. Und ein zweites Mal dieser haarsträubende Laut, dieses flehentliche Stöhnen wie von einem schmerzgequälten Kranken, und abermals keine Erleichterung, keine Ruhe, keine einzige Sekunde des Ausruhens, sondern schon richtete er sich wieder auf, grapschte nach seinem Rucksack, zerrte mit hastigen Bewegungen sein Butterbrot heraus und eine flache, blecherne Feldflasche und begann zu essen, zu fressen, das Butterbrot in sich hineinzustopfen und bei jedem Bissen nun wieder mißtrauisch um sich zu spähen, als lauerten Feinde im Wald, als wäre ein fürchterlicher Verfolger hinter ihm her, dem er einen nur knappen und immer knapper werdenden Vorsprung abgelaufen hätte und der jeden Moment hier, an diesem Ort, in Erscheinung treten könnte. In kürzester Zeit war das Butterbrot verschlungen, ein Schluck aus der Feldflasche hinuntergestürzt, und dann war alles nur noch hektische Eile, panischer Aufbruch: Die Feldflasche in den Rucksack geworfen, den Rucksack im Aufstehen geschultert, mit einem Griff Stock und Hut gerafft, und im Laufschritt davon, keuchend, fort durch die Büsche, ein Rascheln, ein Knacken von Zweigen, und dann, von der Straße her, das metronomische

Klopfen des Stocks auf dem harten Asphalt: »Tak-tak-tak-tak-tak . . .«, sich rasch entfernend.

Ich saß in der Astgabel, dicht an den Stamm der Fichte geschmiegt, ich weiß nicht, wie ich dorthin zurückgekommen bin. Ich zitterte. Mir war kalt. Ich hatte plötzlich überhaupt keine Lust mehr, in die Tiefe zu springen. Es kam mir lächerlich vor. Ich verstand nicht mehr, wie ich je auf einen so idiotischen Gedanken hatte kommen können: sich umzubringen wegen eines Nasenpopels! Und hatte ich doch soeben einen Mann gesehen, der sein Leben lang auf der Flucht war vor dem Tod.

Es vergingen wohl fünf oder sechs Jahre, ehe ich Herrn Sommer das nächste und zugleich das letzte Mal begegnet bin. Gesehen habe ich ihn in der Zwischenzeit gewiß häufig, es wäre ja fast unmöglich gewesen, ihn, der ständig unterwegs war, nicht zu sehen, irgendwo auf der Landstraße, auf einem der vielen kleinen Wege um den See, auf freiem Feld oder im Wald. Aber er fiel mir nicht mehr besonders auf, ich glaube, er ist niemandem mehr besonders aufgefallen, man hatte ihn so oft gesehen, daß man ihn übersah wie ein allzu bekanntes Inventar der Landschaft, bei dem man ja auch nicht jedesmal in Erstaunen ausbricht und ruft: »Schau, da steht der Kirchturm! Schau, dort liegt der Schulberg! Schau, dort fährt der Omnibus!...« Und höchstens, wenn ich mit meinem Vater sonntags zum Pferderennen fuhr und wir ihn überholten, sagten wir zum Spaß: »Schau, da geht Herr Sommer – er wird sich den Tod holen!«,

und meinten eigentlich gar nicht mehr ihn, sondern meinten unsere eigene Erinnerung an den Tag jenes Hagelschauers vor vielen, vielen Jahren, als mein Vater das Stereotyp verwendet hatte.

Von irgend jemandem hatte man gehört, seine Frau, die Puppenmacherin, sei gestorben, aber man wußte nicht genau, wann und wo, und niemand war auf der Beerdigung gewesen. Er wohnte nicht mehr im Souterrain des Malermeisters Stanglmeier – dort wohnten jetzt die Rita und ihr Mann –, sondern ein paar Häuser weiter beim Fischer Riedl unterm Dach. Er sei aber nur ganz selten dagewesen, sagte die Frau Riedl später, und wenn, dann nur ganz kurz, nur um etwas zu essen oder einen Tee zu trinken, dann sei er wieder fortgelaufen. Oft sei er tagelang nicht nach Hause gekommen, auch nicht zum Schlafen; wo er gewesen sei, wo er die Nacht verbracht, ob er überhaupt irgendwo schlafend die Nacht verbracht oder nicht vielmehr Tag und Nacht wandernd umhergezogen sei – all das wußte man nicht. Es interessierte auch keinen. Die Leute hatten jetzt andere Sorgen. Sie machten sich Gedanken über ihre Autos, ihre Waschmaschinen, ihre Rasensprenganlagen, aber nicht darüber, wohin ein alter Sonderling sein Haupt zum Schlafen bettete. Sie sprachen über das, was sie gestern im Radio gehört oder im Fernsehen gesehen hatten oder über den neuen Selbstbedienungsladen von Frau Hirt – aber doch nicht über Herrn Sommer! Herr Sommer, obwohl noch gelegentlich sichtbar, war im Bewußtsein der anderen Menschen nicht mehr vorhanden. Über Herrn Sommer war, wie man so sagt, die Zeit hinweggegangen.

Nicht über mich! Ich hatte mit der Zeit Schritt gehalten. Ich war auf der Höhe der Zeit – jedenfalls kam ich mir so vor –, und manchmal fühlte ich mich sogar meiner Zeit voraus! Ich war annähernd einen Meter siebzig groß, wog neunundvierzig Kilo und hatte Schuhgröße einundvierzig. Ich ging schon beinahe in die fünfte Klasse des Gymnasiums. Ich hatte alle Märchen der Brüder Grimm gelesen und den halben Maupassant dazu. Ich hatte schon eine halbe Zigarette geraucht und zwei Filme über eine österreichische Kaiserin im Kino gesehen. Nicht mehr lange, und ich bekäme einen Schülerausweis mit dem begehrten roten Stempel »über 16«, der mich berechtigte, in nicht jugendfreie Filme zu gehen und ohne die Begleitung von »Eltern und/oder Erziehungsberechtigten« bis 22 Uhr in öffentlichen Gaststätten zu verkehren. Ich konnte Gleichungen mit drei Unbekannten lösen, einen Kristalldetektor für Mittelwellenempfang basteln, den Anfang von ›De bello Gallico‹ und die erste Zeile der Odyssee auswendig aufsagen, letzteres, obwohl ich nie ein Wort Griechisch gelernt hatte. Auf dem Klavier spielte ich nicht mehr Diabelli oder den verhaßten Häßler, sondern neben Blues und Boogie-Woogie so renommierte Komponisten wie Haydn, Schumann, Beethoven oder Chopin, und Fräulein Funkels gelegentliche Wutanfälle ließ ich stoisch, ja sogar insgeheim grinsend über mich ergehen.

Ich kletterte kaum noch auf Bäume. Hingegen besaß ich ein eigenes Fahrrad, und zwar das ehemalige Rad meines Bruders mit Rennlenker und Dreigangkettenschaltung, auf dem ich die alte Rekordzeit von dreizehneinhalb Minuten für eine

Fahrt von Unternsee zur Villa Funkel mit zwölf Minuten fünfundfünfzig Sekunden um nicht weniger als fünfunddreißig Sekunden unterbot – gestoppt auf meiner eigenen Armbanduhr. Ich war überhaupt – um das in aller Bescheidenheit zu erwähnen – zu einem glänzenden Radfahrer geworden, nicht nur was Schnelligkeit und Ausdauer, sondern auch was Geschicklichkeit betrifft. Freihändig Fahren, freihändig Kurven Fahren, Wenden im Stand oder mittels Vollbremsung und Schleudereffekt stellten für mich kein Problem dar. Ich konnte sogar während der Fahrt mit den Füßen auf den Gepäckträger steigen – eine zwar sinnlose, aber artistisch beeindruckende Leistung, die von meinem inzwischen grenzenlosen Vertrauen zum mechanischen Drehimpulserhaltungssatz beredtes Zeugnis ablegt. Meine Skepsis gegen das Radfahren hatte sich vollkommen verloren, sowohl in theoretischer wie in praktischer Hinsicht. Ich war ein begeisterter Radfahrer. Radfahren war fast wie Fliegen.

Freilich gab es auch in dieser Epoche meines Lebens Dinge, die mir das Dasein vergällten, ins-

besondere a) den Umstand, daß ich keinen gesicherten Zugang zu einem Rundfunkgerät mit UKW-Empfangsmöglichkeit hatte und somit gezwungen war, mir das Donnerstag abends zwischen zehn und elf ausgestrahlte Kriminalhörspiel entgehen und erst am nächsten Morgen im Schulbus von meinem Freund Cornelius Michel mehr schlecht als recht nacherzählen zu lassen; und b) die Tatsache, daß wir keinen Fernsehapparat besaßen. »Ein Fernsehapparat kommt mir nicht ins Haus«, dekretierte mein Vater, der im selben Jahr geboren wurde, in dem Giuseppe Verdi starb, »denn das Fernsehen untergräbt die Ausübung von Hausmusik, ruiniert die Augen, zerrüttet das Familienleben und führt überhaupt zur allgemeinen Verblödung.«[1] Leider widersprach ihm meine Mutter in diesem Punkte nicht,

[1] Es gab einen einzigen Tag im Jahr, an welchem das Fernsehen weder die Augen ruinierte noch zur allgemeinen Verblödung führte, nämlich jenen Tag Anfang Juli, an dem das Deutsche Derby von der Galopprennbahn Hamburg-Horn übertragen wurde. Zu dieser Gelegenheit setzte mein Vater einen grauen Zylinder auf, fuhr nach Obernsee zur Familie Michel und sah sich dort die Übertragung an.

und so kam es, daß ich mich bei meinem Freunde Cornelius Michel einfinden mußte, um wenigstens hin und wieder in den Genuß so bedeutender Kulturereignisse wie »Mutter ist die Allerbeste«, »Lassie« oder »Die Abenteuer des Hiram Holliday« zu gelangen.

Dummerweise liefen diese Sendungen fast alle im sogenannten Vorabendprogramm und endeten erst Punkt acht Uhr mit dem Beginn der Tagesschau. Punkt acht Uhr aber sollte ich bereits zu Hause mit gewaschenen Händen beim Abendessen sitzen. Da man nun aber zu ein und demselben Zeitpunkt nicht an zwei verschiedenen Orten sein kann, vor allem dann nicht, wenn zwischen beiden Orten eine Fahrstrecke von siebeneinhalb Minuten liegt – vom Händewaschen ganz zu schweigen –, führten meine Fernseheskapaden regelmäßig zu dem klassischen Konflikt zwischen Pflicht und Neigung. Entweder nämlich fuhr ich schon siebeneinhalb Minuten vor Ende der Sendung nach Hause – und verpaßte dadurch die Lösung des dramatischen Knotens; oder aber ich blieb bis zum Schluß, kam folglich siebeneinhalb Minuten zu spät zum Abendessen und riskierte einen Krach mit meiner Mutter und längere triumphierende Ausführungen meines Vaters über die Zerrüttung des Familienlebens durch das Fernsehen. Überhaupt scheint mir, daß jene Lebensphase gekennzeichnet war durch Konflikte dieser und ähnlicher Art. Ständig *mußte* man, sollte man, sollte man nicht, hätte man besser doch ... immer wurde irgend etwas von einem erwartet, verlangt, gefordert: mach dies! mach das! aber vergiß nicht jenes! hast du schon dies erledigt? bist du schon dort gewesen? warum kommst du erst jetzt? ... – immer Druck, immer Bedrängnis, immer Zeitnot, immer die vorgehaltene Uhr. Man wurde selten in Ruhe gelassen, damals ... Aber ich will jetzt nicht ins Lamentieren geraten und mich über irgendwelche Konflikte meiner Jugendzeit ergehen. Besser steht es mir an, mich schleunigst am Hinterkopf zu kratzen, vielleicht auch ein paarmal leise mit dem Mittelfinger auf die bewußte Stelle zu klopfen und mich auf das zu konzentrieren, wovor ich mich offenbar am liebsten drücken würde, nämlich die letzte Begeg-

immer dorthin zu fahren brauchte, wo es am schwärzesten war, um sicheren Kurs zu halten.

So sauste ich durch die beginnende Nacht, geduckt über den Rennlenker, im dritten Gang, der Fahrtwind pfiff mir um die Ohren, es war kühl, feuchtlich, und ab und zu roch es nach Rauch.

Ziemlich genau auf der Hälfte der Strecke – die Straße verlief an dieser Stelle ein wenig vom See entfernt in leichtem Bogen durch eine ehemalige Kiesgrube, hinter der der Wald anstieg – sprang mir die Kette heraus. Es war dies leider ein häufiger Defekt der ansonsten noch tadellos funktionierenden Gangschaltung, herrührend von einer ausgeleierten Feder, die der Kette nicht genug Spannung verlieh. Nachmittagelang hatte ich an diesem Problem schon herumgebastelt, ohne es beheben zu können. Ich hielt also an, stieg ab und beugte mich über das Hinterrad, um die zwischen Zahnrad und Rahmen verklemmte Kette freizuzerren und sie unter sachter Bewegung der Pedale wieder über den Zahnkranz zurückzuführen. Diese Prozedur war mir so geläufig, daß ich sie auch bei Dunkelheit ohne Schwierigkeiten aus-

führen konnte. Das mißliche daran war nur, daß man sich dabei ekelhaft schmierige Finger holte. Und so ging ich, nachdem die Kette installiert war, auf die andere, zum See hin gelegene Straßenseite, um mir an den großen trockenen Blättern eines Ahornbusches die Hände abzuwischen. Als ich die Zweige niederbog, wurde der Blick auf den See frei. Er lag wie ein großer heller Spiegel da. Und am Rande des Spiegels stand Herr Sommer.

Im ersten Augenblick dachte ich, er habe keine Schuhe an. Aber dann sah ich, daß er bis über die Stiefel im Wasser stand, ein paar Meter vom Ufer entfernt, mit dem Rücken zu mir, nach Westen schauend, hinüber ans andere Ufer, wo sich hinter den Bergen noch ein letzter Streifen weißgelben Lichts hielt. Er stand da wie ein eingerammter Pfosten, eine dunkle Silhouette vor dem hellen Spiegel des Sees, den langen gewellten Stock in der Rechten, den Strohhut auf dem Kopf.

Und dann, unvermittelt, setzte er sich in Bewegung. Schritt für Schritt, bei jedem dritten Schritt den Stock nach vorne stechend und nach hinten abstoßend, ging Herr Sommer in den See. Ging, als ginge er über Land, in der für ihn typischen zielstrebigen Hast, mitten in den See hinein, schnurgerade nach Westen. Der See ist flach an dieser Stelle, die Tiefe nimmt nur ganz allmählich zu. Nachdem er zwanzig Meter gegangen, reichte Herrn Sommer das Wasser gerade erst über die Hüfte, und als es ihm bis zur Brust gestiegen, war er schon über einen Steinwurf vom Ufer entfernt. Und ging weiter, in nun zwar vom Wasser verlangsamter Eile, aber unaufhaltsam, ohne einen Augenblick zu zögern, verbissen, gierig fast, noch schneller gegen das hinderliche Wasser voranzukommen, schließlich seinen Stock von sich werfend und mit den Armen rudernd.

Ich stand am Ufer und starrte ihm nach, mit großen Augen und offenem Mund, ich glaube, ich muß so ausgesehen haben wie einer, dem man eine spannende Geschichte erzählt. Ich war nicht erschrocken, ich war viel eher verblüfft von dem, was ich sah, gefesselt, ohne freilich das Ungeheuerliche des Geschehens gleich zu begreifen. Zunächst hatte ich gedacht, er stehe nur da und suche etwas im Wasser, was er verloren habe; aber wer steht denn mit Stiefeln im Wasser, um etwas zu suchen? Dann, als er losmarschierte, dachte ich: jetzt nimmt er ein Bad; aber wer nimmt denn ein Bad in voller Bekleidung, nachts, im Oktober? Und schließlich, als er immer tiefer und tiefer ins Wasser ging, kam mir der absurde Gedanke, er wolle den See zu Fuß durchqueren – nicht schwimmend, keine Sekunde lang dachte ich an Schwimmen, Herr Sommer und Schwimmen, das ging nicht zusammen, nein: zu Fuß durchqueren, auf dem Grund des Sees hinüberhasten, hundert Meter unter dem Wasser, fünf Kilometer weit bis ans andere Ufer.

Jetzt reichte ihm das Wasser schon bis an die Schultern, jetzt bis an den Hals... und weiter drängte er vorwärts, weiter in den See hinein... und da stieg er noch einmal empor, wuchs, wohl von einer Unebenheit des Grundes gehoben, noch einmal bis zu den Schultern aus dem Wasser heraus... und ging weiter, kein Innehalten, auch jetzt nicht, ging weiter und sackte wieder tiefer, bis an den Hals, bis an die Gurgel, bis übers Kinn... – und jetzt erst begann ich zu ahnen, was

sich da tat, aber ich rührte mich nicht, ich rief nicht: »Herr Sommer! Halt! Zurück!«, ich rannte nicht auf und davon, um Hilfe zu holen, ich schaute nicht aus nach einem rettenden Boot, einem Floß, einer Luftmatratze, ja, ich wandte nicht einmal einen Lidschlag lang meine Augen ab von dem kleinen Pünktchen des Kopfes, das dort draußen versank.

Und dann, mit einem Mal, war er weg. Nur noch der Strohhut lag auf dem Wasser. Und nach einer fürchterlich langen Zeit, vielleicht einer halben, vielleicht einer ganzen Minute, blubberten noch ein paar große Blasen empor, dann nichts mehr. Nur noch dieser lächerliche Hut, der nun ganz langsam in Richtung Südwesten davontrieb. Ich schaute ihm nach, lange, bis er in der dämmrigen Ferne verschwunden war.

Es dauerte zwei Wochen, ehe das Verschwinden des Herrn Sommer überhaupt jemandem auffiel. Und zwar fiel es als erster der Frau des Fischers Riedl auf, die sich Sorgen um die monatliche Mietzahlung für ihre Dachkammer machte. Nachdem Herr Sommer zwei Wochen später immer noch nicht aufgetaucht war, besprach sie sich mit Frau Stanglmeier, und Frau Stanglmeier besprach sich mit Frau Hirt, die ihrerseits ihre Kunden befragte. Da aber niemand Herrn Sommer gesehen hatte oder irgend etwas über seinen Verbleib zu sagen wußte, entschloß sich der Fischer Riedl nach zwei weiteren Wochen, eine Vermißtenanzeige bei der Polizei aufzugeben, und wieder einige Wochen später erschien im Lokalteil der Zeitung eine kleine Suchanzeige mit einem uralten Paßfoto, auf dem kein Mensch Herrn Sommer wiedererkannt hätte, zeigte es ihn doch als jungen Mann mit noch vollem schwarzem

Haar, forschem Blick und einem zuversichtlichen, fast kecken Lächeln auf den Lippen. Und unter dem Foto las man zum ersten Mal Herrn Sommers vollen Namen: Maximilian Ernst Ägidius Sommer.

Eine kurze Zeit lang waren daraufhin Herr Sommer und sein mysteriöses Verschwinden Tagesgespräch im Dorf. »Er ist vollkommen verrückt geworden«, sagten manche, »er wird sich verlaufen haben und findet nicht mehr nach Hause. Wahrscheinlich weiß er nicht mehr, wie er heißt oder wo er wohnt.«

»Vielleicht ist er ausgewandert«, sagten andere, »nach Kanada oder nach Australien, weil es ihm mit seiner Klaustrophobie bei uns in Europa zu eng geworden ist.«

»Er hat sich im Gebirge verirrt und ist in einer Schlucht zu Tode gestürzt«, sagten wieder andere.

Auf den See kam niemand. Und noch ehe die Zeitung vergilbte, war Herr Sommer vergessen. Vermißt hat ihn ohnehin niemand. Frau Riedl räumte seine paar Sachen in eine Ecke in den Kel-

ler und vermietete das Zimmer fortan an Sommergäste. Sie sagte aber nicht »Sommergäste«, weil ihr das zu seltsam vorgekommen wäre. Sie sagte »Stadtleute« oder »Touristen«.

Ich aber schwieg. Ich sagte kein Wort. Schon an jenem Abend, als ich mit erheblicher Verspätung nach Hause gekommen war und mir die Vorhaltungen über die zerrüttende Wirkung des Fernsehens anhören mußte, hatte ich kein Wort erzählt von dem, was ich wußte. Und auch später nicht. Nicht meiner Schwester, nicht meinem Bruder, nicht der Polizei, nicht einmal dem Cornelius Michel habe ich ein Sterbenswörtchen gesagt...

Ich weiß nicht, was mich so beharrlich und so lange schweigen ließ..., aber ich glaube, es war nicht Angst oder Schuld oder ein schlechtes Gewissen. Es war die Erinnerung an jenes Stöhnen im Wald, an jene zitternden Lippen im Regen, an jenen flehenden Satz: »Ja so laßt mich doch endlich in Frieden!« – dieselbe Erinnerung, die mich schweigen ließ, als ich Herrn Sommer im Wasser versinken sah.

Patrick Süskind
im Diogenes Verlag

Der Kontrabaß

»Dem Autor gelingt eine krampflösende Drei-Spezialitäten-Mischung: von Thomas Bernhard das Insistierende; von Karl Valentin die aus Innen hervorbrechende Slapstickkomik; von Kroetz die detaillierte Faktenfreude und eine Genauigkeit im Sozialen.«
Münchner Merkur

»Was noch kein Komponist komponiert hat, das schrieb jetzt ein Schriftsteller, nämlich ein abendfüllendes Werk für einen Kontrabaß-Spieler.«
Dieter Schnabel

Seit Jahren das meistgespielte Stück auf den deutschsprachigen Bühnen!

Das Parfum
Die Geschichte eines Mörders

»Ein Monster betritt die deutsche Literatur, wie es seit Blechtrommler Oskar Matzerath keines mehr gegeben hat: Jean-Baptiste Grenouille. Ein Literaturereignis.«
Stern, Hamburg

»Wir müssen uns eingestehen, die Phantasie, den Sprachwitz, den nicht anders als ungeheuerlich zu nennenden erzählerischen Elan Süskinds weit unterschätzt zu haben: so überraschend geht es zu in seinem Buch, so märchenhaft mitunter und zugleich so fürchterlich angsteinflößend.«
Frankfurter Allgemeine Zeitung

»Anders als alles bisher Gelesene. Ein Phänomen, das einzigartig in der zeitgenössischen Literatur bleiben wird.« *Le Figaro, Paris*

Die Taube

In fünf Monaten wird der Wachmann einer Pariser Bank das Eigentum an seiner kleinen Mansarde endgültig erworben haben, wird ein weiterer Markstein seines Lebensplanes gesetzt sein. Doch dieser fatalistische Ablauf wird an einem heißen Freitagmorgen im August 1984 jäh vom Erscheinen einer Taube in Frage gestellt.

»Ein rares Meisterstück zeitgenössischer Prosa, eine dicht gesponnene, psychologisch raffiniert umgesetzte Erzählung, die an die frühen Stücke von Patricia Highsmith erinnert, in ihrer Kunstfertigkeit aber an die Novellistik großer europäischer Erzähltradition anknüpft.« *Rheinischer Merkur, Bonn*

»Nicht nur riecht, schmeckt man, sieht und hört man, was Süskind beschreibt; er ist ein Künstler, auch wenn es darum geht, verschwundenes, verarmtes Leben in großer innerer Dramatik darzustellen. Eine Meistererzählung.« *Tages-Anzeiger, Zürich*

Drei Geschichten
und eine Betrachtung

»Patrick Süskinds sprachlich-rhythmische Eleganz verleiht seinen Erzählungen eine Leichtigkeit, die – ohne je leichtgewichtig zu werden – dem Schweren das Bedrückende und dem Nebensächlichen das Belanglose nimmt. So witzig, anrührend und doch kunstvoll distanziert wird da erzählt.«
Konrad Heidkamp/Die Zeit, Hamburg

»Hat man einmal zu lesen angefangen, will man gar nicht mehr aufhören vor lauter unerhörten Begebenheiten, liest, wie man zuletzt als Kind gelesen hat, lauter Geschichten, die vor allem eins zu sein scheinen: altmodisch spannend.«
Heinrich Detering/Frankfurter Allgemeine Zeitung

Sempé
im Diogenes Verlag

»Friedfertigkeit des Einzelbürgers und bedrohliches Großstadtgetümmel, verträumtes Provinzlerglück und urbane Hektik, die liebenswerte Verschrobenheit altmodischer Vorstadtkäuze und die austauschbare, anonyme Fließband-Zivilisation sind die beiden Pole, zwischen denen sich die leichthändig skizzierten, manchmal duftig kolorierten Szenen des subtilen, menschenfreundlichen Cartoonisten entfalten, der 1932 in Bordeaux geboren wurde und eigentlich Jazzmusiker oder Fußballspieler werden wollte.
Jean-Jacques Sempé ist ein einfühlsamer Menschenbeobachter und präziser Situationsschilderer, der stets Gewitztheit und Charme, Pointe und atmosphärische Wirkung zu verbinden weiß. Er ist verspielter Romantiker und lächelnder Melancholiker zugleich; immer ein Herr der leisen, verhaltenen Töne. Ein Flaneur zwischen nostalgischen Skurrilitäten und modernem Alltag.« *Frankfurter Allgemeine Zeitung*

Carlino Caramel
Aus dem Französischen von Anna Cramer-Klett

Von den Höhen und Tiefen
Deutsch von Hansjürgen Wille und Barbara Klau

Der Morgenmensch
Deutsch von Angela von Hagen

Stille, Sinnenlust und Pracht
Deutsch von Angela von Hagen

Wie das Leben so spielt
Der gesellschaftliche Aufstieg des Monsieur Lambert. Deutsch von Anna Cramer-Klett und Eugen Helmlé

Fenster
Mit einer Einführung von Claus Heinrich Meyer

Air Mail
Deutsch von Ursula Vogel

Wohin die Liebe fällt

Verwandte Seelen
Deutsch von Patrick Süskind

Unergründliche Geheimnisse
Deutsch von Patrick Süskind

Das Geheimnis des Fahrradhändlers
Deutsch von Patrick Süskind

Traumtänzer
Deutsch von Anna Cramer-Klett und Jürgen König

Schöne Aussichten
Deutsch von Anna Cramer-Klett

Hartmut Lange
im Diogenes Verlag

Hartmut Lange, 1937 in Berlin-Spandau geboren, studierte an der Filmhochschule Babelsberg Dramaturgie. Er lebt in Berlin und schreibt Dramen, Essays und Prosa. 1998 wurde er mit dem Literaturpreis der Konrad-Adenauer-Stiftung ausgezeichnet.

»Hartmut Lange hat einen festen Platz in der deutschen Literatur der Gegenwart. Dieser Platz ist nicht bei den Lauten, den Grellen, den Geschwätzigen, sondern bei den Nachdenklichen, bei denen, die Themen und Mittel sorgfältig wählen.« *Kieler Nachrichten*

»Die mürbe Eleganz seines Stils sucht in der zeitgenössischen Literatur ihresgleichen.«
Frankfurter Allgemeine Zeitung

»Dieser Autor verdient es, daß man ihn mit ganz besonderer Aufmerksamkeit liest.«
Le Figaro, Paris

Doris Dörrie
im Diogenes Verlag

»Doris Dörrie ist als Erzählerin Spezialistin in diffizilen Angelegenheiten der kleinen Rache und gezielten Ohrfeigen zum Zwecke der Unterstützung des eigenen Selbstwertgefühles. Sie ist eine sehr gute Kurzgeschichten-Schreiberin mit der erforderlichen Prise Selbstironie und mit stilistischer Eleganz.«
Annemarie Stoltenberg / Die Zeit, Hamburg

»Eine der gegenwärtig besten Erzählerinnen in deutscher Sprache.« *Walter Vogl / Die Presse, Wien*

»Es ist vollkommen gleichgültig, ob Sie Doris Dörrie in der Badewanne, im Intercity-Großraumwagen, im Lehnstuhl oder in der Straßenbahn lesen, nur: Lesen Sie sie!« *Deutschlandfunk, Köln*

*Liebe, Schmerz und
das ganze verdammte Zeug*
Vier Geschichten

»Was wollen Sie von mir?«
Erzählungen. Mit Fotos von Helge
Weindler

Der Mann meiner Träume
Erzählung

Für immer und ewig
Eine Art Reigen

Love in Germany
Deutsche Paare im Gespräch mit
Doris Dörrie. Unter Mitarbeit von
Volker Wach. Mit 13 Fotos

Bin ich schön?
Erzählungen

Samsara
Erzählungen

Was machen wir jetzt?
Roman

Happy
Ein Drama

Männer
Eine Dreiecksgeschichte

Das blaue Kleid
Roman